波動を上げて、意識を変える

ああ、楽しかった精神世界《スピリチュアル》

山平松生
（風雲舎代表）

風雲舎

恩師に、
この人生でお付き合いくださった方々に、
そして、ふたりの姉に……

カバー絵……………いとう良一
カバー装丁…………山口 真理子

（はじめに）
「あなたは膀胱がんです」

84歳の誕生日を目前にした寒い日でした。

おしっこすると赤い血が混じっています。鮮血！

近所の大病院に駆け込みました。

検査後「あなたは膀胱がんです」と告げられました。

そのときなぜか、（あ、やっぱり自分のことを書かなければいけない……）と思ったのです。（もう耐用期限が過ぎているんだ）と。

ある出版社で28年間働き、57歳で退社。

自前の会社を興し、好きな本をつくって27年。自社本は１００冊あまり。教師やフリー時代を入れると、60年余り仕事をしてきたことになります。……うーん、60年。

（……いったい何をしてきたんだろう？）と思った瞬間、自分のことを書こう、自分がやってきたことを書き遺そう、もう持ち時間がない……と思ったのです。

そういえば思い当たることがあります。がん告知の数年前のことです。ジュネさんという「命の設計図（ブループリント）」を説く著者からこんな問いを受けました。「あなたは、魂に添って生きていますか？」

自分の命の設計図に従って生きているか、というご質問です。

うーん、どうなんだろう？

ぼくの設計図って何だろう？

どう生きるのが命の設計図に添うことなんだろう？

彼女は、こういうのです。

「他人のことに突っ込む前に、まずご自分をちゃんと知りなさい。自分と対話しなさい。自分がどういう設計図をもって生まれてきたのか、そこに何とあるのか、それを思い出しなさい。そうすることで、今生のお役目をしっかり果たすのですよ」

どう返事をしたか覚えていませんが、気になりました。

あれからです、大学時代に続いて再び日記をつけるようになったのは。

楽しかったこと、感動したこと。ひどい目に出遭ったこと。または難を逃れたときのこと。書くことがなければ、何もないことを書く。仕事の悩み、読んだ本の感想などですが、そのうち手ごたえのあるようなものを書くようになりました。大事な作業になったのです。ジュネさんへの答えは、この先にあるような気がします。

60年間です、いろいろありました。

なぜ教師を辞めたのだろう？　上司とよくケンカしたのは、なぜ？　57歳で会社を退職したらみんなにバカだといわれた。でもそうするしかなかった。あれはミスだった？　正解だった？

ソニーの井深大さんは（こいつ、どうしようもない奴だな）と思っていたようで、「あんたのパラダイムを変えなさい」とがっちり絞られました。船井幸雄さんには別の角度から、「時代はグルッと変わるよ」と教わりました。そうこうしているうちに精神世界《スピリチュアル》にどっぷりはまることになったのです。

小林正観さんは良き教師でした。ほら、こう考えたらよく見えるでしょうと、初歩的な疑問に困惑するぼくに丁寧に説明してくれました。おまけに（こちらは何もいっていないのに）「よかったら、これを使いなさい」とお金を差し出されたこともあります。ぼくの懐をズバリ見抜いたのです。これには腰を抜かしました。

びっくりさせられることが多く、いい本ができたときもあれば、うーんと頭を抱える場面もあり、赤っ恥をかいたこともあります。でも編集者という仕事は楽しかった。

がん告知を受けて、この作業のピッチは上がりました。自分のことを書かなければという想いは、つまるところ自分の意識の変化について書くことでした。この世界に入るに際してのテーマは、「波動を上げて、意識を変える」でしたが、振り返ってみればどこまで達したのやらわかりません。これぱかりは余人のご判断にお任せするしかありません。

でもこの世界がおもしろくなり、だんだん本気になりました。関連本がスムーズに読めるようになり、加えて、涙もろくなりました。世の中のこと、この世界のことが少しわかってきたのかもしれません。

そのはてに（おこがましくも）他人様に読んでもらおうと愚考したわけです。紛れもなくこれも老化現象でしょうが、一編集者の繰り言をご一瞥いただければまことに幸いです。

２０２４年５月20日

山平松生

（波動を上げて、意識を変える）

ああ、楽しかった精神世界《スピリチュアル》……（目次）

（1章）芽生え

1・高校教師

23歳から5年間ほど、ぼくはある公立高校の社会科の教師でした。

高校時代から左翼意識に目覚め、大学では六〇年安保にのめり込んだ挙句、停学1年、逮捕歴1回という勲章を頂戴したこともあって、就職のことを考えるゆとりなどありませんでした。

安保闘争が終息し、行き場を失ってウロウロしているところへ、高校時代の恩師から檄《げき》が飛んできました。「お前はこのままだと本当の不良になる。とりあえず、いうとおりにしなさい」と示唆されたのが、教職の道でした。この先生には高校時代からしっぽを握られていて頭が上がらなかったのです。高2の中間試験、保健体育のテスト。受験に関係ないから……ぐらいの気持ちで、ぼくら悪ガキ3、4人はカンニングをしたのです。点数を稼ぎたかったのではなく、カンニングという行為を（ぼくは）一度やってみたかったのです。

それを先生に見られた。帰りしな先生は、「今日は諸君のなかに、紳士にあるまじき行為を見た。残念である」とだけいって出ていった。退学か停学（か何らかのペナルティーが通例）？　ぼくらは蒼くなっていた。しかし何事もなかった。先生が握りつぶしたのだ。

「紳士にあるまじき行為！」

その一言が、正義感の残るガキに鋭く刺さってきた。

以来、先生は、〃ただの古文の先生〃から〃おっかない先生〃になった。神宮皇學館大学出の皇室主義者。雪の研究家・中谷宇吉郎と親しい教養主義者。一分の隙もない身だしなみ。1本のチョークで「春すぎて　夏来にけらし　白妙の　衣干すてふ　天の香具山」などと一句板書するだけで、その意味、時代背景、作者の状況などを解き明かし、あっという間に古文の時間が過ぎたものです。

安保闘争でパクられ、自分の名前が全国紙に載ったときも呼び出しがかかり、たっぷり絞られました（このときばかりは、ぼくなりの理屈を述べ反論した）。

恩師の目はぼくだけではなく、わが家の長男や姉、おふくろにまで及び、それどころか生徒すべて、卒業生やその家庭から町中の人にまで及んでいたようです。今にして思えば「菩薩行」をしているような存在でした。恩師の家の生業《なりわい》は駅前の旅館。その前を通るときには、歩を速めたものです。

恩師の薦めは、学校の教師。……教師？

ぼくは、内心不承不承でその指示に従い、ある高校の校長先生を訪ねました。同じ神宮皇學館大学の出身。どんな槍が飛んでくるかわかりません。

六〇年安保とは何か。自分が属していた極左のスタンスは何か——そんなことを一歩も引かずとうとうと弁じていました。温厚な品のいい校長先生に「わかった、わかった。きみにはパワーがある、試験はちゃんと受けなさい」といわれ、ろくろく勉強していないまま教員検定試験を受け、こうして教師になったのです。

むろん大学の単位などほとんど取っていません。就職が決まったことを御旗に、「単位をください」と先生方を回りました。英語やドイツ語は小冊子の翻訳を条件に、体育だけは1週間ほどの実技を課されましたが、気がつくと卒業証書を手にしていました。いい時代でした。六〇年安保の匂いをぷんぷん発散させながら、ぼくはこうして教師になったのです。

2・階段をトントン降りてきた清水先生

恩師たちのご配慮をさして気にすることもなく、若造はのんびりと、勝手なことをほざいていたようです。その言動があぶなっかしく見えたのでしょう。あれこれアドバイスをしてくださったのが、家庭科の清水禮子というご年輩の女性教師でした。

ああいう口をたたいてはいけない、こういう言動を取ったらきついものが返ってくる、出すぎた真似をしない、口は禍の元だから偉そうなセリフを吐かない――教養と風格のある先生です。

当時、困ったのが洗濯。そもそも洗濯という習慣などなく、学生時代には、商用で季節ごと上京し、息子の下宿に１、２泊するおふくろに任せっぱなし。教師になってもこればかりは苦痛で、あるものを穿《は》きまわし、着回しして平気でした。

汚れものが溜まると、休日を狙って家庭科の洗濯機を拝借することになりました。リュックとボストンバッグに汚れものを放り込み、家庭科の教室にある洗濯機でザザッと洗い、教室いっぱいロープを張って、ストーブの火を焚く。

火は大丈夫だろうか、散らかしっ放しになっていないか――それがご心配と見え、恩師は休日をおして登校し、あと始末をしてくださったものです。あれこれのアドバイスはその前後に出てきたものでした。

あれからうん十年後。

学校に退職届を出し、大学院に滑り込み、会社勤めして一丁前に暮らしていた休日のことです。かみさんとぼんやり庭を眺めていると、トントン階段を降りてくる足音がします。子どもたちはみんな出払ったはず。誰だろうと思っていると、おや、清水先生です。音だけではなく、その雰囲気、空気でわかったのです。同じ高校の卒業生で、その授業を受けたこともあるかみさんも清水先生とわかったようです。でも姿は見えません。

清水先生がわが家の階段をトントンと降りてきた、どういうこと？

恩師はとっくの昔に退職して老人ホームのはず。一別以来、不肖の弟子はご連絡するでもお見舞いに上がるでもなく、すでにうん十年たっています。でも間違いなくあれは清水先生だった。おかしいな……？

先生がいるという老人ホームの電話番号を調べ、どんなご様子なのかと電話しました。受け取った相手は何やらひそひそ相談している様子でしたが、しばらくして担当者らしい方が出てきてこういうのです。

「清水さんは昨夜お亡くなりになりました」

え、え、え？

亡くなった？　昨夜？

じゃあ、あれは……お別れ？

恩師は、大迫町《おおはさま》――東京という空間を飛び超えて、若造にお別れのご挨拶にやってきてくださったのでしょうか。

教師は楽しかった

教師は楽しかった。あの町、あの環境もすばらしかった。

岩手県稗貫郡《ひえぬきぐん》大迫町（現在は花巻市と合併し、花巻市大迫町）にあった県立高校。大迫町は北上山地の西南端に属し、早池峰山《はやちねさん》という霊峰を背にした小さな町です。岳川《たけがわ》という、早池峰山を源流とする清流が山間の田畑を洗い、稗貫川に合流。やがて北上川という大河に流れ込むのです。

稗貫郡花巻は宮沢賢治の生まれ故郷。大迫町や早池峰山の名前は賢治の作品にもしばしば出てきます。たしか任地の希望を聞かれた際に、盛岡などの都市部はイヤ。田舎っぽい、自然のあるところがいいとゴネた結果がここでした。

人口7千人ぐらい。大きな工場はなし。主たる産業は農業。タバコとブドウ、ワインづくりが盛んな町。ただし交通は不便。ＪＲ（あの頃は国鉄と呼ばれた）の駅に出るには、バスで30～40分ほどかかります。盛岡、花巻には1時間。たしか「2級へき地」と呼ばれていた記憶があります。

時がゆっくり流れる山紫水明の地。春はあたり一面がお花畑のようになり、夏には子どもたちが川で泳ぎ小魚《ざこ》を捕り、真っ黒に日焼けします。秋になると、町中ブドウとワインの香りで包まれ、冬には、三方を山で囲まれた盆地はひっそりと雪に埋もれ、人々は静謐な時を過ごすのでした。

人間の気もすばらしかった。朝晩、学校の行き来や散歩に町を歩くと、行きかう人から「おはようございます」「こんばんは」というご挨拶が飛んできました。悪擦れしていない純朴、清澄な気質の人々。天国のような環境で、ぼくはのんびりと六〇年安保の傷を癒していたのです。

大して学もない若造は授業よりもワイワイ騒ぐのが好きで、ソフトボール部、バドミントン部の顧問を仰せつかり、英語クラブを新設し、原文をプリントして生徒たちに配布し、プレスリーやポール・アンカ、ブラザーズ・フォーらを歌い、ひどいときにはレーニンの『帝国主義論』を読ませたりしていました。なぜか英文タイプライターを所持していて、それでバシャバシャ打ったのです。生徒たちはよかった。不良と呼ばれる生徒もみんなすばらしかった。

でも2、3年過ぎるころから、「ぼくは何をしているんだろう?」という気持ちが芽生えてきたのです。学校という集団、いい教師とろくでもない教師が混淆《こんこう》する集団。そのな

大迫町の中心部から見た早池峰。その美しさにハッとして見上げたものだ。「岩手日報」という地元紙の写真だったか役場のそれだったか不明。中央に見えているのが「岳川」。この川を歌った名曲があり、加藤登紀子さんが絶賛。来町していただいて小学校の講堂で、町民の前で歌ってもらったことがある。

かでイライラする自分。組合活動でおだを上げたこともあったのですが、ダレた雰囲気に嫌気ざしてその気も消えました。

教師という仕事に本気で向き合えない自分。そこここに宮沢賢治の言葉が刻まれていてその空気を身に受けながら、ちっとも賢治になれない自分に気づいたのです。

ろくに勉強もせずに、小手先の知で何かを教えたふりをしているアホ教師。人間関係をうまく保てない自分。このままここにいたら、だんだんアホに、本当にダメになる――と恐怖していました。加藤登紀子の歌の一節が飛び込んできました。

「～あーあどこかに何かありそうなそんな気がして、俺はこんな所にいつまでもいるんじゃないと～」(「時代おくれの酒場」)というアンニュイな歌詞が響いてきたのです。

(こんな所にいつまでもいるんじゃないと～)

そんなぼくを見透かすように、恩師はそろそろ嫁を持ったらどうかと見合い写真を持ってきました。この子はいいよ、親がしっかりしている、こっちはいい家の出、別口は、素直で美人、いい女房になるよ……。

当方にはまるっきりその気がありません。冗談じゃない、もっと別の人生があるはず。かつて謳い上げた革命理念はどうした、もっと自分に適した天職があるはずだ、ダルな暮らしから脱出しなければ……それぱかり考えていました。

大学院に進んだ仲間から「出てこい」とアジられたこともあって、28歳で辞表を出し、もう少し勉強しなくてはいけないと、後先考えるでもなく大学院に向かったのです。

恩師は教師仲間というよりはおふくろでした。出来の悪い息子が右往左往している、大口をたたいている、面倒を見なければいけない……そんなご気分だったに違いありません。その恩師がトントン階段を降りてきた——あれは、紛れもなく霊体になった恩師の訪れでした。この手の話はよく耳にしたのですが、実際にその現象を見せられたのは初めて。リアルもリアル。霊になった恩師の訪れに、ぼくは感動していたのです。

3・大学院は

大学院修士課程。担当教授は堀豊彦先生（政治思想）。

面接のとき、堀先生はぼくの履歴書に目をやりながら、「おや、あなたは教職についているのですね、ご同業ですね、一緒に勉強しましょう」とおっしゃいました。しかし結局のところ、大して勉強できませんでした。基礎的な知が不足で、何を学びたいかもはっきりしていなかったのです。

マックス・ヴェーバーの『プロテスタンティズムの倫理と資本主義の精神』のドイツ語講読についていけず、もともと素地がないこともあって、ゼミでも浮いていました。仲間はまじめに本を読み、隙なく討論を交わしています。自分のフォルム、自分の核《コア》を形成しようとみんな真剣で、賢そうに見えました。その姿を見るにつけ、ああ、ぼくとは違うなと距離を感じていました。

そういえば、小さなころからぼくには、いざ鎌倉という肝心かなめのとき、問題の核心から目を逸らしてしまうという癖があったようです。核心にひたと目を向けるのではなく、その周辺をウロウロして、どういうことかがはっきりしたところで、わかったようなふりをするという癖。結論や、最終部を知るのがもったいないような、怖いような……そんなひ弱さ。これではいけない、（本質をきちんとつかめ）と意識していたはずですが……

何より、生活が成り立たなかった。定職を放り出して痛感したのは、給料がなくなったこと。やむなく家庭教師と塾教師のかけもちで過ごしていたのですが、ろくに本も買えないありさま。ゼミもサボりがちになりました。1年も過ぎたころには、その気も失せていたようです。

暮らしに困ると、出版社勤めの旧友から原稿を書く仕事をもらい、それがだんだん本気になり、おれには学問なんて向かないなとつぶやきながら、そっちに気を取られるようになったのです。与えられた急ぎの原稿に取り組むと、それがおもしろくなったのです。とはいっても『平凡パンチ』という週刊誌にある記事を書いたときは、旧友が付きっ切りで朱字を入れ、ようやくサマになるという体たらくでした。ギャラの入った袋を開けると、当時のぼくには法外な金額。これで飯が食えるかなと思いました。

たぶんあのころからです、原稿を書く、編集するという仕事に興味を持ったのは。

4・徳間書店

ウロウロしていると、テレビ向けの子ども番組を企画するプロダクションの早大の先輩から、「新しい子ども雑誌を作る、おまえに学問なんて向かないよ、暇そうだから編集長をやってみないか」と声がかかりました。

月刊『テレビランド』。当時大流行の「仮面ライダー」を中心に、４～５歳から幼稚園児あたりを対象にした、子ども向けテレビ情報誌。これを月刊誌として定期的に出版しようというのです。

初めの部数はたしか3万部。月を追うごとに5万部、７万部となり、10万部まで急伸した記憶があります。ところが大きな部数となると資金繰りが大変だったのでしょう。版元の小出版社が腰を引き、ある御仁の仲介で、徳間書店が後を引き継ぐこととなりました。廃刊の危機から中堅どころの出版社へ。編集スタッフ7人も居抜きで異動。

徳間書店。週刊『アサヒ芸能』から中国古典まで何でもありという中堅どころの出版社。ぼくらの相手は子ども。腕白、グズ、泣き虫、じっとしていない、いつも何かおもしろいものを探している連中。子ども相手といって、力を抜くわけにはいきません。気のない企画、マンネリな記事はすぐアンケートに現われます。ぼくは『あばれはっちゃく』(山中恒著　理論社)、『悪童日記』(アゴタ・クリストフ著　早川書房)などを引っ張り出して読み返し、子どもの気持ちを取り戻そう、視点を子どものそれに合わせようと必死でした。

ワイワイいいながらやっていくと、この雑誌を卒業した読者はどこに興味を向けるのだろうと自問し、年齢層を上げて中高生対象に新しい雑誌ができるはずだと気づいた人がいます。児童書部門の上司となった尾形英夫さん。彼とは入社以来折り合いが悪く、口論が絶えませんでしたが、その着想、行動力はさすがでした。『テレビランド』の先に必ず読者がいるはず――として『ロマンアルバム』リーズが生まれ、『アニメージュ』が創刊され、「スタジオジブリ」が誕生したのです。慧眼の士。

鈴木敏夫さんをミュータント企画の社長にしよう！

尾形さんの右腕に愉快な人間がいました。鈴木敏夫くん。腕のいい、優れた編集者。マンガ家の原稿を一瞥するや、「おもしろい」「つまらない」を明言し、原稿をたたいて引き延ばし、対案を示し、ぐいぐい作家を引っ張っていきました。高畑勲さんや宮崎駿さんに出会い、そのエキスを存分に受けながら、他方、口説きに口説き、スタジオジブリができたのです。宮崎さんの『風の谷のナウシカ』が『アニメージュ』連載となり、ジブリ発の作品が続々誕生することになったのです。

彼は、作家や上司にもはっきりモノをいい、小さな体躯で大の男を相手に一歩も退くことなく颯爽としていました。ぼくが尾形さんと口論すると、敏夫くんがすっとやってきて、「どうして素直にすみませんといえないのですか」と詰問したものです。もっと上手にやれ、人間関係をうまく保てと10歳下の部下が説教を垂れるのです。直截《ちょくせつ》、明快。その言はすっと腑に落ちました。彼には深く感謝していることがあります。

『テレビランド』から出版部に飛ばされていたある日、スタジオジブリに移っていた敏夫くんから電話がありました。「尾形さんがそろそろ危ない様子です。あのままではよくないでしょう。一緒に、お別れに行きませんか」と。

宮崎駿さん、敏夫くん、Yさんという徳間書店からジブリに移った女性編集者、それにぼく。尾形さんは、安らかな顔で眠っていました。そのお顔を見て、「いろいろお世話になりました、ありがとうございます」とお詫びと感謝の気持ちを本気で伝えました。それを伝えることで、ホッとしたのです。あのままでは、あの世で尾形さんに合わせる顔がありません。それを思うと、そういうチャンスを与えてくれた敏夫くんの気遣いが改めてわかったのです。そういう男でした、彼は。

あれから30年。大きな場に立って鈴木敏夫くんは獅子吼《ししく》しながら、かつ苦労をしているようにも見えます。好漢、よく難局に立ち向かうべし、海に向かって進むべし。ぼくは遠くから応援しているのです。

昨年秋、ぼくの手許に、『コミカライズ魂　「仮面ライダー」に始まる児童マンガ史』（河出新書）という一冊の本が届きました。著者は、マンガ家すがやみつる君。

その一文に驚きました。ぼくも知らなかった敏夫くんの一面です。

「石森プロで仕事をしていた私と細井ゆうじ、土山よしきさんの三人は、マンガ同人誌『墨汁三滴』の仲間も加えて、練馬区豊玉中に共同でアパートを借りました。共同の仕事場にするためです。一軒のアパートの二階三室を借り、一部屋に机を並べて仕事場に、あとの部屋は寝るための部屋としました。

こんなことを始めたのは、石ノ森先生を含むトキワ荘出身の先生方が、スタジオゼロというアニメスタジオを構えていたのを真似るような意識があったのではないかと思います。私たちもグループ名をつけることになり、安易にミュータント企画という名前を使うようになりました。安易にというのは、もともと『墨汁三滴』を会誌として刊行していた同人グループの名前がミュータントプロで、それを流用したものだったからです。順調にいったらミュータント企画を会社にしよう、という計画もありました。

その場合、マンガ家の私たちには経営の才覚がないので、誰か別の人を頼もうということになりました。そこで名前が出たのが徳間書店『テレビランド』編集部の鈴木敏夫さんで、実際に社長就任を依頼したこともありました。

マンガ家から「石ころアート」に転じた清つねお氏の、石に描いた鈴木敏夫くんの顔。ワアー、いいねと強奪した（いや、ちゃんとお代を払ったような気もする）。

敏夫さんが担当するマンガ家には、編集者側から見たら実に手のかかる人がいました。そのマンガ家は低血圧で、いちど寝ると、なかなか起きられない人だったからです。敏夫さんは、電話にも出ないマンガ家のアパートに出かけましたが、ドアをノックしても応答がありません。しかたなしに敏夫さんは、台所のガラス窓を窓枠ごとはずして部屋に入り込んだこともありました。さらには、布団の中で寝ていて起きられないマンガ家を起こすため、布団に潜り込んで身体をさすって温めることまでしていました。

マンガ家は、そこまでされて、ようやく布団から抜け出し、机に向かうのです。もちろん原稿は落ちる寸前の綱渡りでしたが、敏夫さんは、ずっと、そのマンガ家の面倒を見ていました。

私たちは、そんな敏夫さんの姿を見ていたこともあって、『ミュータント企画が会社になった暁《あかつき》には、こんな人に社長になってほしい』と思ったわけです。（中略）

ちなみに敏夫さんは、ミュータント企画が会社になったら社長になってもいいかな……と、かなり真剣に考えたそうです。でも、ミュータント企画は会社になる前に解散してしまいます。描き手は多くてもマネージャーがおらず、全員がコンスタントに仕事を取れなかったのが原因でした。

さっさと会社にして、敏夫さんが社長になってくれていたら、私たちのマンガ家としての現在も、かなり違ったものになっていたかもしれません。でも、そうならなかったおかげで、日本……いや世界は、ジブリアニメという宝物を手にすることができたわけです。敏夫さんの社長就任を実現できなかった私たちは、人類の幸福に、ささやかな貢献をしたのかもしれません」

カメちゃん

いつも敏夫くんのそばにいたのが亀山修こと通称「カメちゃん」。敏夫くんといつもつるんでいた。彼らを結びつけたのは何だったのだろう。ガサツな人間が多かったなかで、知的で、繊細な都会派のふたりは波長が合ったのかもしれない。

そのカメちゃんが亡くなった（2021年5月1日）。73歳。すい臓がん。兄上・亀山保氏からお知らせを受け、ふたりでしんみりと献杯した。

作家、梶山季之さんのところにいたカメちゃんは中途入社。文芸関連の編集部が希望だったらしいが、なぜか『テレビランド』へ配属された。〝山の手のいい家《うち》の子〟というのが触れこみの口上だった。

小さな事件が起きた。

「おれは平松山夫だ、おれのいうことに文句があるか、あるなら出てこい」と手書きしたビラ。それが壁に貼られていた。明らかにぼく山平松夫（本名）を名指していた。誰だろう？　犯人はカメちゃんだった。

そうだ、あのころぼくはいい気になってみんなに号令をかけ、大言壮語して偉そうにふるまっていたに違いない。感覚人間の彼は、いやな奴がいると直感したのかもしれない。それにしても大胆な表現。大騒ぎにはなることもなく、以来、彼とは、なんだかんだと親しく付き合うことになった。ゴルフ、チンチロ、碁（棋力は彼が上）、酒――何でもやった。〝いい家の子〟は教養あり、文学好き。金にきれい、所作も見事。女性たちにもてた。

彼はよくこんなことをいった。夕刻、退け時になると、仕事を終えた女たちがすれ違いざまにきらりと目線を送ってくる。奴らは奴らでいい男を探すのに余念がない。これが、うっとうしい。おじさん（ぼくのこと）、うるさくない？

（へえ、おれは感じたことないけど……）そういえば彼は美男の部類に入る男だった。風貌も仕草もおっとりして、育ちの良さがあった。

ぼくが会社を辞めて数年後、『アニメージュ』に移籍していた彼も退社した。しばらく怪しげな原稿書きで食っていたようだが、うまくいっていないといううわさ。風雲舎の仕事を何度か回したが、腕の立つライターとはいえなかった。なまったのか、もとからそうだったのか……。でもすごいなと感心したのは、敏夫くんとの別れ方。

カメちゃんは、宮崎駿さん担当だった（らしい）。そのカメちゃんが退職後食えないでいるというわさ。ある日、カメちゃんとふたりで飲んだ後、彼の部屋に上がり込んだ。亀山家の裏路地にあるアパートの６畳間。……しっかりした収入を得ているとは思えなかった。

そんな彼を気遣ってのことだろうか、宮崎さんと敏夫くんはカメちゃんを何とか食えるようにしようと動いたらしい。ありうる話だ。カメちゃん、敏夫くん、そしてぼくの３人で飲み、最後に敏夫くんが「カメちゃん、どうするんだ？」と問うと、彼は「いや、おれはこのままでいい、ジブリの世話になりたくない」と返した（らしい）。酔っぱらっていたぼくは知らない、でも敏夫くんの言だから信用できる。

後でカメちゃんに聞くと、「敏ちゃんとジブリの主導権を争うなんてイヤだ」といった。そうだよな、いい家の子はそんなことに手を出さない。もうひとつ、敏夫くんの名古屋人気質、トコトン最後の最後まで極め尽くすというリゴリズム。あれには耐えられないよね……ともいった。やっぱり、いい家の子。

兄の保さんは「弟は美しかった」とよくいった。

それを聞く度に、ぼくは「A RIVER RUNS THROUGH IT」という映画を思い出したものです。しっかり者、現実をきちんと生きる兄貴に比し、遊び、ばくちに身を染め、留置場の常連だったろくでなしの弟。女の子の扱い、谷川でのフライフィッシングのリールさばき、日々の動作、その意識のありよう。兄や父親に「あいつは美しかった」といわせた弟。……おや、これは亀山兄弟の構図ではないかと。

訃報を聞く半年ぐらい前だった。碁を打ち終えたカメちゃんは「今後しばらく打てなくなります……」とモゴモゴ口にした。後から考えると、あれはホスピス入院を指していたのだったと思う。もう1回飲みたかった。カメちゃん、ありがとう。

小金井道宏さん

徳間書店常務。夕暮れになると、まず一杯入れなければならない酒飲み。昭和8年生まれ。早大政経卒。この人だけかな、ぼくをかわいがってくれたのは。ほかの役員たちはなぜか鼻についた。兄貴（昭和7年生まれ）にぶん殴られて育ったぼくには、彼らは軟弱で、腰がなく、へらへらしていて、敬するに値しなかった。そういう感情はすぐ態度に出るらしく、途中入社の半端者はけっこういびられることが多かった。小金井さんの「困ったことがあったらいつでもおいで……」との一言にホッとした。

ある夜、ちょっとゆるんだ酒席で、「なぜ、ぼくの面倒を見てくれるのですか?」と小金井さんに尋ねたことがある。……お前は、九鬼周造の『「いき」の構造』（岩波文庫）を読んでいたから、というお答え。でもおれって野暮の骨頂なのに……と問い質すと、「お前はバカで真っすぐだから」と。

亡くなったのは六十歳ちょっと過ぎ。部下の誰かと飲んで帰宅。また一杯飲んで、そのまま目を覚まさなかった。冷たくなった小金井さんの顔に触れ、これが死か、いい人は早死にする……と実感した。小金井さん、ありがとうございます（合掌）。

出版部――本をつくる楽しさ

出版部。楽しかった。

ぼくのように他部署から放り出された人間、そういう連中の寄せ集めのような、業績の上がらないセクション。それが出版部でした。

テーマは本人次第。世界はどう動いているか、人々は何を求めているか、どうしたら幸福になれるか、経済はどういうルールで動いているか、争いがなぜ起こるのか、どうしたら平穏が訪れるか、知を会得する方法、金を得る道――。テーマは何でもあり。当たれば欣喜雀躍、不発なら消沈。その一方で、売れればよし、売れなければダメという暗黙のルールもあり、個人別の成果はすぐ現われる仕組み。

ぼくは、一度放り出したマックス・ヴェーバーの世界に舞い戻ったような気分で、大きく広がった世界を前に高揚していました。自分の想いを世に問うことができるはずだと。なかなかヒット作が生まれません。

部内は沈滞して、やけくそな雰囲気が漂っています。中国古典ものを抱えた古株は殻に閉じこもり、翻訳セクションには快音がなく、一本釣りの連中もなかなか幸運に出会えません。ひとり気を吐いていたのは、危ない本、異説、トンデモ本担当の守屋汎《ひろし》くん。彼だけが生き生きしていました。

突如、すごい一作が生まれました。

『日本はこう変わる』（長谷川慶太郎著　1986年）。

担当は荒川進くん。『問題小説』時代、長谷川慶太郎さんの担当だった。そのよしみで長谷川宅に何度も電話。13回目ぐらいの電話でようやく承諾を頂戴し、出版にこぎつけたのです。あれよあれよという間に10万部となり、30万部を超え、60万部の大ヒット。週明け会社に着くと、「5千部重版」「1万部重版」という販売からの通知が机上にあり、それが半年ぐらい続いたようでした。あの快感！

この一冊で出版部の雰囲気が一変。熱気が生まれ、『ユダヤが解ると世界が見えてくる』

（宇野正美著）のシリーズが続き、さらに中程度のヒット作が後を追い、おんぼろ出版部に社長賞が2度届きました。

ぼくが手がけたのは、『神様を見せてあげよう―世界救世教岡田茂吉の奇跡』（1987年）、『魚の目きき』（伊藤勝太郎　1988年）、『遊びをせんとや生まれけむ』（古賀康正著　1989年）、『胎児から――「知」から「心」へ』（井深大著　1992年）、『ソニー「未知情報」への挑戦』（佐古曜一郎著　1996年）など。大当たりはなかったのですが、大きな出会いがありました。井深大さん。

5・井深大さん

井深大（1908～1997年）さんにお目にかかったのは、徳間康快（1921～2000年）社長のお供でソニー本社を訪ねたとき。井深さんと徳間の出会いは以下だったそうです。

行きつけの帝国ホテルの床屋《バーバー》。徳間がふと見ると、隣に井深さんがいた。目が合った。「遊びにおいで」の一言をいただいた。ソニー本社に行くことになった。「声がでかいから」という理由で出版部長になったばかりのぼくにお供の役が回ってきたのです。

ソニー本社にお邪魔すると、ろくに挨拶を交わす間もなく、井深さんは、「ふたりとも、まず靴下を脱いで、そのベッドに寝て」とおっしゃいます。ふたりの裸足《はだし》を子細に点検した井深さんは「徳間さん、あんたはまあまあだ、こっちの若い人のほうがかなり疲れているね」とご診断。足の裏には体調の良し悪し、心理的な状態も隠すことなく現われる――とのっけから「足心術」の極意を熱っぽく語るのです。

そういえば「脈診」も、井深さんの個人的な関心から始まったそうです。

「僕は時々不整脈かな、と思うことがあるんだ。ところが医者に行く時に限って正常なんだ。なんとか自分の不整脈を記録して医者に見せたいんだ。不整脈をデータにできるような一日の脈をモニターできる装置はできないもんかね」と部下に頼み、以来、脈診研究がスタートしたとか。韓国から白熙洙《ペクキシュ》先生という、その道の先達を招来して、社内に脈診研究所を設けました（1989年。後に「生命情報研究所」と改名）。

井深さんの西洋医学嫌いは有名でした。東洋医学は以前からお好みで、鍼は40年続いていたそうです。電気工学、機械工学、物理学――近代科学に散々お世話になったはずですが、こと西洋医学となると、あんなものはせいぜい30点の代物だといってはばかるところがありませんでした。

巨大化し、先鋭化し、おのれがすべてだと過信している西洋医学。人をモノ視して、データ越しにしか人間を見ない医学。部分を精密に見るが、全体を見ない局所専門化。「命」という観点から見たら、あんなものは、人間さまから最も遠い方法論じゃないかと毒づいていました。

周りは井深さんの体調を配慮して、やれ東大医学部の某教授、慶応義塾大学医学部のあの先生などと有名どころを配することで万全を期していたようです。井深さんは厚生省、薬業界、医学会を束ねる白い巨塔の要人たちとの交流を欠かすことなく、なかでも医学界の重鎮、東大医学部の渥美和彦教授などとは昵懇《じっこん》で、重用することを忘れなかったようです。

ぼくに与えられた仕事は、井深さんの新しい本を出すこと。

週に1度2時間、自宅でお話を聞くことになりました。井深さんは料亭や待合がきらい。奥さんの作る食事が一番だったようです。取材は夕食時と重なることが多く、ご相伴することになりました。ゴボウ一本、魚一匹どれも逸品。うまい。ぱくぱく頂戴しました。麻雀仲間にも入れてもらい、緊張がほどけたある日、「ところでどんな本をつくりたいの？」とのご質問が飛んできました。

出版のポリシーも方向も見えなかったころです。ぼくは、「株で儲ける」「国際通になる」「読書の薦め」など俗臭ふんぷんたる企画案を述べながら、冷や汗をかいていました。

パラダイムを変えろ

そのころ、井深さんが集中していたのは「気」です。

世間的にいえば、井深さんの功績は、テープレコーダー、トランジスタ、トリニトロンカラーテレビ、ビデオテープレコーダー、ウォークマンなど、近代科学の粋を結集し、ソニーを世界有数の企業に育て上げたことでしょう。さらに理科教育や幼児教育、ボーイスカウトの活動などに功があった——というのが定評です（文化勲章の理由はそれでした）。

ぼくが出入りを許されたころの井深さんは、そうした過去の業績を自ら全否定して、全く新しい尺度、全く新しい「ものさし」を探している真っ最中でした。

パラダイムシフト。「ものさしを変えろ」です。

会社は大きくなった。有名になった。

でも……違う、何かが違う。

こんなはずじゃなかった。心血注いで創った商品が単なる雑貨と化し、物質偏重の波のなかに消えていく。

ちがう、ちがう。そんなんじゃない。

モノではない、「心」だ。

こっちなんだ！……

井深さんがくり返しおっしゃっていたのは、「心」でした。

幼児教育、右脳、ＴＭ瞑想、日仏協力筑波国際会議での「気」の実験、そこからＯ－リングテスト、ヨーガの成瀬雅春さん、ニューエイジのベストセラー『グローバルブレイン』（工作舎）の著者ピーター・ラッセルとの対談（６時間）、吉福伸逸さんのトランスパーソナル、マリリン・ファーガソンの『アクエリアン革命』（実業之日本社）、そして老荘思想への回帰――その結節点として「気」があったようで、「気」こそが、近代西洋合理主義というパラダイムをひっくり返すカギになるのではないかと考えていたようです。最晩年には「デカルトなんか捨てちゃえよ」と公言したそうです。

人間たちの頭を切り替えろというのですから、ドでかい話です。２、３カ月の取材ですむ話ではありません。井深家通いが続きました。話が佳境に入るごとに、こちらの無知がさらけだされます。これはいけない。「パラダイムシフト」を齧りました。

パラダイムシフト——ものの見方を変える、流行りの定説を覆す——。（あのおやじ、いったい何を考えているんだろう……）ぶつぶついいながら、お住まいのマンションの1階下にある広い書庫に入りました。パラダイムシフト、パラダイムシフト。関連する書を読みました。主要な本にはきっちりと鉛筆マークが残っています。このおやじ、すごい勉強家なんだと驚きました。

秘書のふりをして、彼が会う予定の人間の席にも同席するようになりました。井深さんは社員でもないぼくに、あいつに会ってこい、こいつを読んでそのエッセンスをまとめろとずけずけ宿題を課すのです。他社の社員だろうが何様であろうが、平気でこき使う人でした。くだらないことは書くな、要点をペーパー1枚にまとめろ。宿題は待ったなし。でもおもしろかった。勉強になった。ソニーに行くほうが多くなった。

井深さんに教わった最大のことは、「パラダイムを変えろ」です。

当初、わからない。テープレコーダー、ウォークマン、幼児教育あたりまでは理解できます。でもそれらすべてを放り投げて晩年からのコペルニクス的転回——それがよく見えない。お話を聞き、こういうことですかと質問すると、井深さんは（こいつ、わかっちゃいない）とにらむのです。

そうです、ぼくは相変わらず従来の目線で彼を見ていて、ロックやルソーを引っ張り出して（おこがましくも）彼の教育論、ゼロ歳児や幼児教育の不足を補おうとしていたのです。半年間ぐらい全然わかっちゃいなかった。こちらの認識があまりに旧態依然なので、井深さんは（こいつはだめだ）と思っていたに違いありません。

半年後、彼のいいたいことがすっと頭に入ってきた。
昔の知なんか捨ててしまえ。
デカルトなんかいらない。
あんたのものさしを変えろ。
「パラダイムを変えろ」
それが彼のいいたいことだった。
それが少しわかると、一気に距離が縮まった（ような気がした）。

「そんなんじゃ、世の中の本質が見えないだろう」

それまで、ぼくは物質（physical）ばかり見ていた。
名声、財産、金を稼ぐ方法、知識の量、社会的信用、株運用の巧拙、語学力、社会的地位——そんなことばかりに目が行き、その目線で企画プランを立てていたのです。

井深さんは、そんなものはいらない、全部捨てろ、モノ、物質の背後にある意識、気、想念（metaphysical）を見ろといった。

そうか、このおやじはとっくに、此岸《こっち》から彼岸《あっち》に飛び超えていると、やっと気がついたのです。


左翼にも、大学院にも、徳間書店にも、そんな発想はなかった。

パラダイムシフトは、当時隆盛しつつあったニューエイジにつながりました。両者は通底していたのです。フィジカルからメタフィジカルへ。意識を変えろ。

当時、一世風靡していた中村天風、船井幸雄、小林正観、足立育朗をむさぼり読みました。『アウト・オン・ア・リム』（シャーリー・マクレーン　山川紘矢・山川亜希子訳　角川文庫）を読んだのはいつごろだっけ？『セスは語る』（ジェーン・ロバーツ著 ロバート・F・バッツ記録　紫上はとる訳）、『バーソロミュー』（バーソロミュー著　ヒューイ陽子訳　マホロバアート　現・ナチュラルスピリットより復刊）などなど。


世の中は動いていた。

世間をうろついて耳に入るのは、変化、変化だった。
まなこを見開いてしっかり見れば、激動していた。
その流れのしっぽがちょっと見えた。
だんだん目に入ってきた。
旧を脱しろ。
これまでのやり方では、やっていけない。
旧に残るか、前に進むか。
ニューエイジが大きく目に入ってきた。

「あんたね、そんなんじゃ、世の中の本質が見えないだろう」という井深言語がなんとなくわかるようになったようです。井深さんは、革命、人間の意識革命を目指していたのです。

井深シャワーを浴びて2年ほど揉まれていくと、自分の気持ちが、気や意識、精神世界のほうに傾いていくのがわかりました。ほんのちょっと別の目になったようです。

ところが会社に戻って企画会議にそれらしいものを提案しても、これがなかなか通らない。『井深大の「気」の世界』という企画を提出しても、「気」なんか不要だと否決されました。ようやくパスしたのが『胎児から』（1992年）。井深さんの幼児ものの延長としてようやくパス。すんなり通過したのは、佐古曜一郎氏の『ソニー「未知情報」への挑戦』（1996年）だけ。ソニーが超能力などの怪しい研究をしているといううわさが流れていたころ。牽引役の佐古さんを口説いたのです。

世間ではパソコン、インターネット、ヴァーチャルリアリティーが喧伝され、人々の意識が旧から日々変化しているのに、会社のボスたちが目を向けようとしない。このままではやっていけない、変化に対応しないと沈没する――それに気づかない。いや、気づかないふりをしている。時代の急変に本当に恐怖していたのは、徳間社長ひとりだけだったように感じられました。

辞表

企画が通らない、出す案、出すプランが拒否される――悶々としていたある日、上司の担当役員Aさんから酒席に呼び出されました。直系ふたりの同伴。

「今日ははっきりさせよう。おまえは、おれの子分になるかどうか。なれば、大事にする。ならなければ、放り出す。はっきり返答しろ」とのたもうたのです。出版の方向ではなく、子分になるかどうか――という短絡した切り込み。このセリフはすごい！　任俠ものの親分が発するようなそれ（……本当の大親分はそんなセリフは吐かないよなと内心で反発）。これは記憶するに値する。いや、記憶しておかねばならぬ。さすが大番頭――と。

ぼくは心を鎮め、「ぼくは、子分にならない。いや、なれない……！」と宣言して席を立ちました。辞表を書きながら、こう考えました。しょせんここは他人の会社。やりたい本を作りたければ、自分の砦を作るしかない。自前の砦！　踏ん切りがつきました。気合を入れて辞表を書きました。

2カ月後、退社。自分の砦「風雲舎」を設立（1996年8月）。

あれから約30年。ぼくはあの上司たちにとても感謝しています。彼らがいなければ、ぼくはぬるま湯にずっと浸かっていたに違いない。文句をたれながら、給料をもらい、適当に飲んで、適当な企画をでっち上げて、あのままいたかもしれない。あなた方は引き金を引き、ズドーンと撃った。だからぼくはようやく重い腰を上げ、自分の位置をはっきりさせたのです。

いま自分の社屋を出るとき、ぼくは本当の恩人たち同様、彼ら上司たちの名前を挙げ、「○○さん、ありがとうございます」とつぶやきます。おかげさまでぬるま湯から抜けられましたと。シニカルな気持ちでそう唱えていたのですが、何年も何十年も重ねると、それが本心になるのです。彼らはぼくにとって、いなくてはならない不可欠な存在だったのです。一歩前進です。人生、不思議ですね。
パラダイムを変える。その視線で本をつくる——と決心して。

6・佐古曜一郎さん

井深さんのそばにいつもいたのが佐古曜一郎という年若の俊才。井深さんの懐刀。秘蔵子。ソニーのエース。そんな異名がありました。社内特許を数百個持っていたとも。通常人のサイクルをひとつもふたつも飛び超えた、フィジカルとメタフィジカル世界をまたいでいるような、ただし1ミリずれると即あっちの世界に飛んでいくような異才。東大工学部を卒業するに際して、学部長から、かつて同窓のソニー副社長に「とびっきり優秀な奴をお前のところにやろう」と耳打ちされて入社したといううわさも耳にしたことがあります。

佐古さんは、パラダイムを変えようという井深さんの想いに自分と同質の光を見たのです。その上で、先兵として各界の先達と会い、そのガイド役を務めていた——ような気がします（むろん彼自身の嗅覚で、すでに先人たちに会い、昵懇だったという面もあります）。井深さんはこの俊才を得て、その発想、思索に厚みを増やしていったのではないかと思えるような場面がよくありました。

佐古さんの異様な雰囲気、ほとばしり出る才知。70歳過ぎの井深に対して佐古は30歳ぐらい。ある種のシャーマン。科学に秀でた上で精神世界、メタフィジカル世界に通暁し、その道では一目も二目も置かれていたようです。井深ワールドの難解さに困惑するぼくを見て、そこはこういうふうに、あれはこう解釈したらどうですかと通訳してくれたのも彼です。彼がいなかったら、ぼくは投げ出してしまったかもしれない、ニューエイジにたどり着けなかったかもしれない。

彼は、ソニーのあやしい研究のベース（ＥＳＰＥＲ研究室＝Extra Sensory Perception & Excitation Research＝超感覚的知覚とその発揚研究）をひとりで立ち上げ（１９９１年11月1日）、「心」と「意識」を含む人間の本質に迫ろうとしたのです（前出『ソニー「未知情報」への挑戦』）。

井深さんが亡くなった後、彼もソニーから消えました。多くの人が彼の痕跡を追ったのですが、杳《よう》として消息知れず。ある女性シャーマンに、彼の意識の存在を探ってもらったことがあります。彼女は、その波動が見えない、痕跡が全く見えない、この世から姿を消したのではないか——と断じました。

あいつはすごい奴、同志であり戦友だった、失った後でその真価がわかった——というのが、ぼくの正直な印象です。

ぼくは風雲舎を立ち上げてすぐ、佐古さんに『井深大が見た夢』（1998年）を著してもらいました。この項を書くにあたって読み返しあらためて驚いたのは、彼が井深さんに寄り添いながら、その思考回路を丹念に追いかけ、そこから問題を提起し、賛同し、ときには自分のスタンスを明示しながら反論し——つまり五分五分のスタンスで大道を歩んだことです。井深さんが「デカルトなんか捨てろ」とアジっても、彼は決してデカルトの外へ飛び出ようとはしなかった。「デカルトの内でけりを付けましょう」と一線を画し、頑として譲らなかったようです。

日本におけるニューエイジの歩みを俯瞰しながら、自分自身が、そして井深さんがその流れに突っ込んでいく過程を明確に分析し、その先への提案をする。（へえ、佐古、やるじゃないか）と、ぼくは改めて驚き、この本は今もって通用する名著だと感じたのです。同時に、そうか、ぼくはこういう本を出していたんだなという快感を得ました。その一節です。

「ほどなく僕は、井深大と初めて一対一で会うことになる。眼が遥かを見ながら光った。父と同質の眼であった。僕が捜し求めていた人であることは間違いなかった。おそらく、父は『美（パトス）』の人、井深は『善（エトス）』の人、そして僕の底流は『真（ロゴス）』なのだ。真善美この三つが溶解する先に遥かなる視点はフォーカスされている。パラダイムシフトはそこにある」

7・船井幸雄さん

「いい世の中をつくろう」という魂をもつ人

船井幸雄さん。経営コンサルタント。船井総研会長。というより、ニューエイジ、スピリチュアルの流れを大きくまとめ上げ、その流れを包括・咀嚼して大衆向けにアピールした人、という印象です。何よりぼくの旧価値観をきれいに洗い流してくださった恩人のおひとりです。

1980年代から90年代、さらに世紀末にかけて、ニューエイジの流れ、いわゆる精神世界《スピリチュアル》の流れが生まれました。旧を脱しろ、パラダイムを変えろ、流行りの定説を覆す——という奔流がドッと溢れ出てきたのです。

もともと日本でも、それぞれの分野で新しいコンセプトを抱いていた研究家たちの胎動があり、それがアメリカで興ったニューエイジの流れと合一して、大きな渦巻を形成したのです。その激流を大きな輪に包み込もうとしたのが船井さんだった……ように見えました。

「地球《テラ》の語り部」岡田多母さん

船井さんがどういう方だったか、その総合イメージを語るにはぼくの手に余ります。

当時、船井さんのそばでその活動をじっと見ていた岡田多母さんという方がいます。彼女には、アイルという名前の男の子（5歳）だった過去世、ミツという名前の女の子として生きていた江戸時代のころの過去世と、ふたつの鮮明な記憶があります。

中学・高校・大学生へと成長するにつれ、彼女の身の周りに不思議な出来事が頻発し、神通、霊視、お筆先など、不思議な霊能力が溢れ出てきたのです。いやだいやだと思っても勝手に出現するのです。

結局、受け入れるしかないと肚をくくり、以来、アイル、ミツ、岡田多母の三者が統合された人間として時代を見つめるようになりました。「地球《テラ》の語り部」になったのです。彼女を「シャーマン」とくくるには言葉不足で、優れた宇宙知性——とでも呼ぶべきでしょうか。

彼女の資質を知ったTM瞑想の鈴木志津夫さんが「やっぱり君はおもしろい人だね、こういう類の人は船井先生が好むかも……」と岡田さんを船井さんに引き合わせることになりました。

世事に疎い彼女は船井さんの何者かを知りません。自分なりに調べてみると、「この人とは長く深く関わってしまうだろう」と直観し、長いお付き合いが始まりました。彼女は船井さんの印象を以下のように書いています。

「船井総研。船井先生は大きな笑顔で迎えてくださいました。この人は世界を良くしたいと考えている——とすぐわかりました。パラマハンサ・ヨガナンダが書いた（『あるヨギの自叙伝』森北出版）ように、一人ひとりが人として輝けるような世界になるはずだ——というのが船井先生の描いていたデッサンでした。そのためには、力のある人がその力を十分に使えるように発掘して世に紹介したい。それがお望みだったようです。スピリチュアルブームを演出したかったわけではなく、いい世の中をつくろうという想いを多くの人と共有したかったのだと思います。

初対面の私に、先生はこうおっしゃいました。

『超自然の力をもつ能力者、びっくり現象、宇宙の真実——既存のこうだと思っている世界だけではない。あなたのように、ふつうの常識や概念では測れない世界があるんだよ。それを僕はみんなに伝えたいんだ。そのためには、古い考えのままでは先に進まない、僕はそういう人たちを応援していきたいんだよ』

当時、先生の想いは「百匹目のサル現象を起こしましょう」の一点だったと思います。世間知らずの私はそんなことも知りません。急いで「百匹目のサル」を調べました。

百匹目《ひゃっぴきめ》の猿現象《さるげんしょう》（英：Hundredth Monkey Effect, Hundredth Monkey Phenomenon）とは、生物学の現象と称して生物学者のライアル・ワトソンが創作した作り話である。

宮崎県串間市の幸島に棲息するニホンザルの一頭がイモを洗って食べる事を覚え、同行動を取る猿の数が閾値（ワトソンは仮に１００匹としている）を超えたときその行動が群れ全体に広がり、さらに場所を隔てた大分県高崎山の猿の群れでも突然この行動が見られるようになったという筋書きであり、このように「ある行動、考えなどが、ある一定数を超えると、これが接触のない同類の仲間にも伝播する」という超常現象の実例とされていた。ニューエイジの「意識進化」の信念の実例として引き合いに出されることが多い。

（ウィキペディア）

いい世の中にしたい。善意の人たちが集まって、それが一定数に達したら、世の中が一挙にグルッと変わるに違いない。『それを日本から始めたいんだよ』と先生はおっしゃいました。（ああ、こういう人がいるんだ……）その思いを知って、私は過去の記憶を思い出しました。

時はムー大陸の時代。場所は、現在の宮古島あたり。ラ・ムー王が統治していた土地。ラ・ムー王は高い次元の意識を備えた人で、時代をよくしようと尽力していました。でも他の神々との連携がうまくいかず、結局、滅亡してしまうのです。

私の記憶によれば、船井先生はラ・ムー王の記憶をもつ魂です。レムリアのころの私はもちろん肉体をもっていたわけではなく、精霊というかたちで先生をお守りするお役目のひとりだったようです。その記憶を今生まで携えてきたのには意味があるはず、と思ったのです。いい世の中をつくりたい、人々の意識を高めたい――そんな使命をもつ魂がいた。私もやはりその魂を受け継ぐ人のそばでサポートするお役目だった。ああ、こういうつながりだった、この人なら通じるかもしれないと感じました」

（『天人に還る』岡田多母著　風雲舎　2024年）

足立育朗さんの『波動の法則』

井深家に通いながら、一方でぼくは船井さんの講演を聞き歩き、著書を読み、名前を覚えてもらい、出入りを許されました。船井さんの周りにはその道の優れた方々がまさに蝟集している観がありました。

発明家の政木和三さん、環境運動家、「地球村」の高木善之さん、波動研究の江本勝さん、遺伝子研究の筑波大学教授の村上和雄さん、そして『地球交響曲（ガイアシンフォニー）』の龍村仁さん、ＥＭ菌の比嘉照夫さんなど多士済々で、宝の山に見えました。

たとえばそのなかのひとりに『波動の法則』（ＰＨＰ研究所　１９９５年）を著した足立育朗さんがいます。

当時ぼくは何度も『波動の法則』に取り組みましたが、全く理解できませんでした。ようやく読めるようになったのは、小林正観さんという、これまた不思議な人の教えを聞き、その教えを受けるようになってからでした。

その「まえがき」にこうあります。

「私の役割は、地球よりはるかに調和のとれた文化を持ち、この銀河系の知的生命体が住む、７００億以上の星からの情報や、他の銀河系からの各種情報の一部を報告し、あとは実現できるよう実行あるのみです。現在の地球には、いたずらに議論をし、時間を浪費している余裕がないのです。なぜなら、残念ながらそれは、私たちの今の文化があまりにも未熟であることを知らされてしまったからです。もちろんそれでも、従来の地球の文化にこだわり続ける方々は、それを選択し、体験を通じてスタディをしていただくこともよいでしょう。（中略）

来るべきすばらしい真の宇宙的時間空間文化時代に合うよう、地球の人間のひとりでも多くの方が、宇宙の法則の本質に気づき、一時も早く意識（と意志）の変換が行われ、行動をとられるよう、心を込めて愛の振動波を送らせていただきます。信じる必要も、説得される必要も全くありません。ただただ深く気づくのみです。

新世紀のために。一九九五年十一月八日　足立育朗」

足立育朗著『波動の法則』

この本の中のキーワードのひとつに、「EXA PIECO《エクサピーコ》」という言葉があります。

足立さんによれば、

「EXA PIECO」とは、「原子核の集合体、本質。日本語では〈「魂」〉という言葉が一番近いかもしれませんが、かなり不正確です」

「人間だけに限らず、動物も植物も鉱物もすべての存在は、それ自体振動体として宇宙との調和の度合いに応じた本質的な波動数を常に受振、発振しています。人間の場合も、肉体を持っている一人ひとりの方が「本質」という「意識」と「意志」を持ち合わせています」

とありました。

これでは、(当時のぼくには)理解できません。

船井さんの解説によると――、

○宇宙の仕組みは、物質が回転運動してエネルギーになり、エネルギーが回転運動して物質になる。このくり返しでなりたっている。

○あらゆる存在、あらゆるエネルギー、物質は固有の振動をし、振動波を出している。したがって、すべての存在の本質は波動であり、振動波が組み合わさってあらゆる現象をおこしている。

○人間はもちろん、すべての存在物の本質は、原子核の集合体である。原子核は陽子と中性子でできており、原子核の周辺を多くの電子がくっついて回って原子となっている。
⑥この世では、人間は、本質とボディ（肉体）で構成されている。本質はスタディのためにボディに結びついているが、ボディが滅びる＝死ぬと、ボディから解放される。
○人間には、出来あがったボディを安全に維持、管理、運営する役割りを持った顕在意識と、ボディの細部の再生などに全責任を持っているボディコントロール意識と、本質である原子核の集合体の持っている意識の三つがある。
　前二者を宇宙語ではＤＩＫＡＧ、ＦＩＫという。

　また、本質のことをＥＸＡ ＰＩＥＣＯといい、それは「魂」といってもいいが、原子核の集合体のことと考えてもいい。
○すべての存在の目的は、ＥＸＡ ＰＩＥＣＯのスタディである。
○自分におこるすべての現象は、自分の発信した振動波に同調しておこる。
　人間のＥＸＡ ＰＩＥＣＯは、誕生した時、原子核の数が10^{34}ある原子核の集合体だが、スタディするとこの原子核の数がふえる。いまの地球人の平均は10^{58}、これが10^{140}になると悟った段階になり、後は一挙にスタディが進む」（『エゴからエヴァへ』船井幸雄著　ＰＨＰ研究所　１９９５年）
とあります（ぼくの理解できる範囲でランダムに挙げました）。

こういわれると、少しわかります。

ぼくは、ＥＸＡ　ＰＩＥＣＯ、ＣＡＵ《カウ》（クオーク）、ＤＩＫＡＧ《ディカグ》（顕在意識）、ＦＩＫ《フィック》（潜在意識）などの宇宙語になじめず、本を投げ出したひとりです。でも流れに身を任せるようになると、数年後なんとか読めるようになりました。

しばらくして足立さんにお目にかかって原稿を依頼すると、やんわりと断られました。ＥＸＡ　ＰＩＥＣＯの数が不足しているのを一目で見抜かれたのでしょう。ぼくの発する波動数が足立さんのそれととんでもなく乖離していたのです。こちらの波動数を上げないと相手にされない――それがわかると、腹も立ちませんでした。これも修行です。

同じ波動は集まる

当時不思議だったのは、船井さんの周りには、なぜこんなにすごい異才が集まるのだろう？　なぜ、船井さんはその人たちの言葉（思想）がスラスラわかるのだろう？――でした。船井さんは、マジシャンがあれこれのブツを取り出して観客のどよめきを呼ぶように、ＡさんやＢさんの説を紹介しながら、びっくりするみなさんの顔を楽しそうに眺めているのです。

当初ぼくは、船井さん自身がすでに高いレベルにいる人……という雑駁《ざっぱく》なくくりで済ませていたのですが、それでは船井さんを理解したことになりません。

船井さんの言葉に耳を傾けていくと、くり返しおっしゃっていたのは、「ある波動は同じ波動に結びつきたがる」「同じ波動は集まる」という法則でした。なるほど船井さんの波動とぼくのそれは、とんでもなくかけ離れていたのです。だからぼくには難解だったのです。

船井さんが何度も何度も多くの人に向かって、「波動を上げて、意識を高めなさい」と説いたのは、たぶんそれが急所だったからです。

「波動を上げよ」――多少それがわかると、一歩前に進めるような気がしました。同じ波動を持つ者は引き合う。船井さんがよしとする波動を持つ人々に出会うと、そこに理解や喜びが生まれ、何かを成し遂げていく基盤のようなものができる――というわけです。急所は「波動」です。「すべての存在の本質は波動であり、振動波が組み合わさってあらゆる現象をおこしている」（足立育朗）のです。（なるほど、これだな！）と思ったのです。

直観力テスト

前出の岡田多母さんから以下のことを聞き、また驚きました。

船井さんにお会いしたばかりのころ、よく「直観力テスト」をされたそうです。船井さん自作の質問集らしく、「○○についてどう思う?」といった200項目くらいの質問がズラリと並んでいて、その問いに1時間以上かけてお答えしたそうです。彼女はスラスラ答えました。

「すごいね、君は僕の見たところ、98%合っているよ」と船井さん。

(……残りの2%は何が違っていたんだろう?)と岡田さん。

お会いするたびに、質問項目でびっしり埋まった用紙を持った船井さんの質問攻めが続きました。

この世はどうなっているの?

生命の仕組みは?

アセンションとは?

クオンタム・リープ(量子跳躍)とは?

次元とは?

たぶん他の方々にも同じようなテストをして、その資質と傾向を見ていたのかもしれません。船井さんはご自分の説を展開することはめったになく、「僕は直感よりも合理なの。考える力、まとめる力に長けている」として、あれこれすさまじい質問を投げてきたそうです。その人の能力すべてを吸収するかのように。

船井さんにはそうした「知」を持つ知り合いが大勢いて、その論理にじっと耳を傾けながら、新しいことを主張する人、新しいことを行動に移す人を「おもしろい、すばらしい、すごい」と思う感性の人でした。

ぼくは改めて、船井さんという人物は、ご自身がもつ高い「波動」に加え、さらに猛烈な知識欲、読書力で、あの時代をリードしていた、すごい人だった——と感服するのです。

さて、また私ごとです。会社を辞めるか独立するか——迷いに迷い、思い切って船井さんを訪ねました。そのときの船井さんのコメントが忘れられません。ダラダラ心情を吐露するぼくの言をさえぎって、こうおっしゃるのです。

「きみはいくつになった？ 57歳？ 出版局長？ 57歳で独立するなんてやつを世間で何というか知っている？ 〈バカ〉というんだ。でもボクはバカが好き。いいよ、一冊目を書いてあげよう」

こうして風雲舎の第一作『「自然の摂理」に従おう』（1996年）が出ました。順風満帆の船出。船井さん、ありがとうございます。

8・鈴木三郎助さん

味の素の創業家・4代目鈴木三郎助さん（1922〜2012年）。

ぼくにとっては大の恩人。なぜかこの田舎者をかわいがってくださったのです。2歳未満で父を亡くしたぼくは、父親という実感を知らないままに成人しました。そのせいでしょうか、20、30歳ほど違う年代の人を見ると、自分のおやじはこんな人じゃないかと勝手に想像し、そのいいところを見て飛び込み、他人がいえないことをズケズケ申し上げたものです。

鈴木さんとはすぐ仲良しになりました。好きな書を論じ、さらに絵、音楽、人生論に及び、ときには悪行秘話の開陳となり、それらを吐き出し終えると、鈴木さんは大きな笑い声を発するのです。溜まったものを吐き出すように。

あるとき「ぼくの来世はどうなるのかな?」という話になりました。こちらにしてみれば輪廻転生の好例です。

ぼくは、「そりゃあ決まっていますよ、まちがいなく坊さんか物乞いですよね、生まれ変わりの原則は自由度が増えることらしいですね。数万人の社員がいる会社の会長と、坊さんのどちらに自由が多いですか。ですから来世は坊さんか物乞い。でないと理屈に合わない」とお返ししたのです。

温厚な老紳士もこのときばかりは「そりゃないだろう」と怒りました。

鈴木さんは乳母日傘《おんばひがさ》で育った名門の御曹司。お金持ち。苦労知らずのお坊ちゃん。絵、音楽、ゴルフ、その他あれこれ何ひとつ手に入らないものはない――ようでした。ところが実際は、悩みがいっぱい。会社の主導権をめぐる争い、人事、かじ取りのこと、子飼いの人間が離れていく寂寥《せきりょう》。自分の力量を示すことができない髀肉之嘆《ひにくのたん》。それでも追っかけてくる鈴木家長男という座。やりたいことができなかったようでした。

葉山の鈴木家にお邪魔すると、ルノアール、デュフィ、ルオー、シャガール、ピカソなどの絵が何枚とありました。季節ごとに入れ替えるようです。どれも本物！　ぼくとかみさんはルオーの一品が飾ってあるベッドで快眠を得ました。


退社して自前の砦を立ち上げるとご報告すると、鈴木さんは、

「あのね……会社を立ち上げるとは大変なことなんだ、次のことを約束しなさい。いいかい、ひとつは手形をいじらない。約束手形に手を出さない、そのふたつだ。文学だ、音楽だ、絵画だと、楽しく放談している世界とは違うんだ。待ったなしの世界なんだ。金がな

けりゃ、ないなりにやりなさい」

至言でした。ぼくはその誓いを30年間守りました。以下は『文藝春秋』に掲載された鈴木さんのエッセイです。鈴木さんの人間性がよく出ているようなので添えます。

「ある女将の死」

銀座通りを新橋からぶらぶら歩いて、資生堂パーラーを左に折れたあたりに、「浜作」という関西料理の老舗がある。

塩見安三・さと夫妻が、大阪から上京して店を構えたのが昭和3（1928）年正月、というから、かなりの年季を重ねたことになる。昭和初期の東京界隈の日本料理といえば、甘辛な味つけの八百善系の流れを汲むいわゆる江戸料理が主で、関西料理を名乗る店などは全くの少数派だったらしい。

そうした風土のなかに、昆布を主、鰹節を従とするダシをふんだんに使い、醤油はあくまでうす口、素材の新鮮さを身上とする上方の流儀が登場したのである。変化を心待ちにしている東京の食通の人々に新風を吹き込んだことはまちがいない。「浜作」はこうして人々の心をとらえ、評判の店のひとつになっていった。

上京前の塩見夫妻は大阪・新町で間口一間ほどの小料理屋を開業していた。大阪は当時も今も、名にしおう「食いだおれ」の町。なだ万、つる家、阪口楼、大和屋等の料亭が味を競い、他方、料亭よりも気軽な小料理屋のひしめき様も相当のものだったという。「浜作」はそのなかでもひときわ光る存在で、商人や役人、文化人等、食通を任ずる人の間では知らぬ者がいない個性派の店であった。大阪在任中の私の父（３代目三郎助）もそうした常連のひとりであったらしい。

いい料理を出すには出すのだが、しかし「浜作」には大きな欠点があった。不定期に休むのである。後年、馬主になったほど競馬狂の主人が、忽然と東京その他の競馬場を目指して出奔するのである。これには女将や洗い方だけではどうすることもできず、途方にくれ、店頭で贔屓客に平身低頭する女将のさとさんの姿を見て、ようやく父も意見する気になったらしい。得意先があってこそ店があるのだから、自分の趣味で客に迷惑をかけてはいけないい、東京競馬のため数日休業するのであれば、東京で店を構えればいい……。

「東京で店を……」の件は、父はまさかと思いつつ意見したというのだが、主人の性格を知り抜いている女将は不安気な表情を、天才肌の板前は、「……そないな考え方もおますな」となにやら思案顔であったという。

時は移り年号も昭和と変わった昭和２（１９２７）年、大阪在任を終え上京していた父は塩見夫妻の突然の訪いを受け、その申し出に驚く。

「東京に店を持とう思うてまんねん、あんじょうお頼みします」

というのである。

父はかつての提案をとうに忘れていたらしいが、夫妻の人柄、板前としての腕を見込んでいたので、親友であり、大の「浜作」ファンでもあった山本爲三郎氏（元アサヒビール社長）と図って、あらためて次のように問うた。
1、決めた休日以外は休まぬこと。
2、店の場所は銀座。店のレイアウトは任せること。
3、魚介類その他の原材料は主に西筋のものを使用し、調理場、仲居等、使用人は関西人を主とすること等々……。
これらは大阪らしさを徹底的にアピールすることで東京人の耳目を惹くという父なりの商法によるものであったのだろう。なかでも画期的なのは、一階のカウンター席である。広い調理場が見え、客が主人はじめ若い板前たちと自由に話のできる西洋式グリルの先どりである。今でこそどこにでも見られる風景だが、形を尊ぶ割烹料理の店としては破天荒なデザインである。このスタイルが当時の東京でも斬新であったことは、後日、贔屓客のひとりとなった新派の名優、井上正夫が、

「浜作座　楽屋を見せて　金をとり」

という一句を遺していることからも察せられる。

主人の筋の通った浪花仕込みの腕の冴え、磨き抜かれた女将の気くばり、そして父のマーケッティング感覚。これらの三拍子がピタリと呼吸を合わせたのである。この図式は、商売をどう繁盛させるかという、今日にも通用する定理をすべて具備しているように思う。

そうこうして「浜作」は東京に根を下ろし名店となるのだが、私の味覚は、母のお供で連れて行ってもらった半ズボンの小学生時代から「浜作」の主人夫妻に養成されたといってもいい。いや、単に味覚の養成所にとどまらず、「浜作」は人間形成の道場にもなっていった。

主人は未熟な若者に、よくこんな風に語った。

お客さまの顔色、体調を感じとることの大切さ、新鮮な味を失わずに料理することが庖丁人の役目であること、走りものではなく、必ず旬のもの、出ざかりのものを使用すること、客に出す料理に自分が直接責任を持てなくなるから、お店は何軒も持ってはいけない、自分は、酒、女、そして馬道楽を経た果報者だが、グチひとついわず店をしっかり守ってくれた女房に恵まれたこと、大阪の小さな店から今日までやってこられたのも、あなたのお父さんのおかげである……。

こうした言葉がポツポツと漏れ、やがて、

「わか、あんたもしっかりせなあきまへんで。早よう、お父さんのようなお人になりなはれ」

に落ち着くのが常であった。

私が社会に出て、昇進やらなにやら大きな節目を迎えるごとに、夫妻は我がことのように赤飯を炊いて祝ってくれたものである。

塩見安三氏がその豊かな生を終えたのは、昭和46（1971）年、76歳のときである。夫の死後、長男・房太郎氏を早く亡くしていた女将の口ぐせは、「嫁が一人前になって私の跡を継ぎ、孫がりっぱな板前となるまでは死ねない」だった。

平成5（1993）年春、「浜作」女将・塩見さとさんは、九〇歳の天寿を全うし、やや気苦労の多い、しかし堂々たる人生に幕を閉じた。

祖父、父、私、そして息子、孫の5世代にわたって食事を出したことを自慢してくれたのはこの女将である。「世の中に出たら、なんぼ頭を下げても下げすぎることはないのだっせ」と教えてくれたのもこの女将である。

告別式は、割烹の一女将のそれとは思えない著名人なみの長蛇の列で、客筋はもとより、現場の人と覚しき人々が驚くほど多かった。同業者、得意先、板前または修行中らしき人々。そうした表情のなかに、あの女将がいかに慈しまれ、尊敬されていたかがはっきり

見てとれた。そして焼香する私の耳に、

「へえ、おおきに、おおきに」

というあの女将の心地よい響きが確かに聞こえてきたのである。合掌。

（１９９３年『文藝春秋』12月号）

（鈴木さんが語り、ぼくが代筆。何度もダメ出しされながら、１週間ほどかけてできたエッセイ。掲載後、何人かの友人たちからお褒めをいただいたと、鈴木さんは浜作でご馳走してくださいました）

「海に向かって旅立つ者……やまちゃん、海に向かって進まなければいけないよ」

鈴木三郎助さんが愛したフレーズ。

（2章）一歩踏み出す

9・帯津良一さん

西洋医学に欠けているのは何か？

「私は西洋医学の出身です。西洋医学で鍛えられ、食道がんを専門にする外科医でした。がんを撲滅しようと、青雲の志を抱いてこの道を歩んでいました。あれは忘れもしません、東大病院第三外科医局長から共立蒲原総合病院（静岡県）を経て、東京都立駒込病院に着任したのは一九七六（昭和五十一）年五月の連休明けでした。病院前の停留所でバスを降りると、目の前には巨大な建物がそびえ立っています。バックには五月晴れの青い空。それを見たとき、『よし！　この手でがんを克服してみせるぞ！』という闘志が鬱勃《うつぼつ》と湧いてきました。美濃部（亮吉）都知事の時代、私がちょうど四十歳を迎えた年でした」

「二年経ち三年過ぎて、あるときガツンと脳天を打たれました。

最新鋭の医療機器が入り、医療技術も進歩し、新しい抗がん剤も生まれ、ひととおりではないスタッフの熱意が満ちていたにもかかわらず、成果が上がらないのです。5年生存率も以前と変わりません。つらかったのは『完璧な手術だった』と、こちらがひと安堵して送り出した患者さんが再発して病院に戻ってくることでした。そういう事態が続きました。

なぜだろう。何かが足りないのではないか。それが、私が西洋医学に限界を感じた最初の瞬間でした。不足しているのは何か、欠けているのは何か——考え込みました。

西洋医学は部分を見る医学です。身体の中の点（臓器）を見ることにかけては精緻を極め、これ以上の医学はありません。足りないのは、部分と部分のつながりを見ることを怠っているからではないか。身体の中の点（臓器）ばかり見ていたのでは、それがネックとなって、人間本来持っている〈いのち〉には届かないのではないか。そういう疑問が重くのしかかってきたのです」

「では、つながりを重視する医学とは何だろうと考えていって、たどり着いたのが中国医学でした。そうか、中国医学か……！　つながりを重視する中国医学の現場を見たいと思って、仕事の合間を縫って中国に渡りました。目を見張りました。そこから私は、つながり重視の中国医学と、部分を重視する西洋医学の結合、『中西医結合』に思い至りました。私の医師人生の区切りをなす最初の第一歩です。西洋医学をベースにしながら、漢方、鍼灸、そして気を取り入れようとしたのです」

「しかし、駒込病院ではまったく受け容れられませんでした。患者さんがついてこないのです。科学の真髄を集めた最先端医療の現場で、漢方や気功は時代錯誤と受け取られていたのでしょう。参りました。オレはまちがっているのではないか。西洋医学に戻ったほうがいいのではないか、そうも考えました。しかし、ひとたび男子が決めたことです。思うところをやってみるしかない。そのためには自分の病院を開設しなければならない、と決心したのです。四十六歳を過ぎていました。開業するには遅咲きです。でもやるしかないのです。それが一九八二（昭和五十七）年、私が自分の病院、帯津三敬病院を郷里・川越の地にスタートさせた出発点です」

中西医結合からホリスティック医学へ

「自分の考えどおりにやれる病院がスタートしました。

西洋医学、それに漢方、鍼灸、食養生、気功を併せるのです。病院の中に気功の道場を設けましたが、駒込病院時代と同じように、患者さんはめったに姿を見せません。私の考えはまだ世の中に受け容れられなかったのです。つらい時代でした。

しかし時代は動きます。患者さんに『あなたはがんです』とはっきりと告知する時代になったのです。告知されたものの、患者さんは実際のところ自分でどう闘病すればいいのか、そこが見えません。川越にある病院では漢方をやっているようだ、鍼灸がいいらしい――そうしたうわさが風に乗って伝わり、自分でも何とかしたいと考える患者さんがポツポツわが病院を訪れるようになりました。

ちょうどその頃、アメリカから『ホリスティック医学』という考え方が入ってきました。部分ではなく、人間まるごとを見ようというのです。根っこにあるのは、〈全体は部分の総和以上の価値を持つ〉という思想です。お、動いたぞ！　と、私は心のなかで小躍りしました」

「というのも私は、部分を見る西洋医学、つながりを見る中国医学、それを合わせた中西医結合――これで人間まるごとを見ることができると思っていたのですが、そうでないことになんとなく気づいていたからです。この二つだけでは何かが足りません。そうか〈こころ〉が足りないと気づきました。そこで、こころを見る心療内科を取り込み、これでホリスティック医学になると思ったのです。からだ、つながり、こころ――よし、これで整った……？　うーん、でもまだどこかちがいます。これではただの寄せ集め、ただの足し算です。結びつけただけではホリスティック医学にはならない。この三つをいったんバラバラにして、集め直して統合し直さなければいけない。バラバラにして集め直し、新しい体系を作ってこそ統合だと思ったのです。これが『統合医学』という考え方です」

ホリスティック医学

「ホリスティック医学は、そこからもう一歩飛躍します。人間まるごとを見るのですから、換言すれば、〈生老病死〉すべてが対象です。〈病〉だけではありません。生き方、老い方、病み方、さらに人間どう死んでいくか――人間まるごとを相手にするのです。ですからホリスティック医学は、今そこにあるものではありません。すでに完成しているものではなく、新しい体系をつくるのですから、これは一朝一夕にはいきません。しかしこの道を極めるしかない――私はそう考えて、ようやくホリスティック医学という理想の医学にたどり着きました」

「ホリスティック医学とは、からだ（body）だけでなく、こころ（mind）、いのち（spirit）が一体となった人間まるごとを、そっくりそのまま捉える医学です。

がんは〈からだ〉だけの病気ではありません。〈こころ〉にも〈いのち〉にも深くかかわる病気です。だから、主として身体に注目する西洋医学が手を焼くのも当然なのです。ここはどうしても〈からだ〉〈こころ〉〈いのち〉が一体となった〝人間まるごと〟に注目するホリスティック医学に登場願わなければならないのです。私が若いころに感じた西洋医学の限界という疑問が、人間まるごとを見なければならない――となって出現したのです。流れからいえば、これは必然でした。（中略）

見方を変えれば、『治し』と『癒し』の統合といってもいいでしょう。『治し』は身体の一部に生じた故障を、あたかも機械の修理をするごとく直していくことです。これに対して『癒し』は、〈こころ〉や〈いのち〉のエネルギーの回復、あるいは向上を図ることをいいます。

西洋医学が『治し』の方法であるならば、代替医療（西洋医学以外のすべての療法をそう呼びます）は『癒し』の方法です。両者を統合した統合医学（Integrative Medicine）は、治しと癒しの統合、ということになります。これが今の流れです。この流れは定まったといえます」（『がんと告げられたら、ホリスティック医学でやってみませんか。――三大療法（手術、放射線、抗がん剤）で行き詰まっても、打つ手はまだあります』（帯津良一著　風雲舎　2011年）

日々のルーティンで生の総仕上げを

「そんな暮らしの中でルーティン化していることがあります。これを続けることで、歯車がわずかずつ動いて、ホリスティック医学に近づくような気がします。

ひとつ目が気功です。ホリスティック医学の柱になるようなものだと確信しています。私は太極拳が好きで、早朝にひとりで道場に行き、一回だけ気持ちを込めて舞います。週に何度か、患者さんたちと一緒に気功をします。（中略）

四十年近く太極拳を続けていますが、実のところまだ未熟です。私の師匠である楊名時《ようめいじ》先生は達人でした。私が生きている間に先生のあの域に達することはないでしょう。とにかく、私の生活にとって、気功と太極拳は欠かせません。生活の一部になりました。

ふたつ目が『延命十句観音経』です。白隠さんの流れで唱えはじめてすでに二十年以上になります。漢方薬の大家だった長沢元夫先生が〈白隠さんは『延命十句観音経』のことを語りはじめたことで唯物論を脱した〉という話をしてくださったことがありました。唯物論だったかどうかは別として、白隠さんが虚空をしっかり意識したのは『延命十句観音経』からではないでしょうか。

いのちのエネルギーが宿る場所を丹田《たんでん》といいます。へその下あたりにあるとされています。ここを意識して唱えていると、丹田が破裂して三千世界と一体になる――と白隠さんは書いています。三千世界とは虚空のことと考えていいと思います。私は、それを経験したくて、ずっとこのお経を唱えています。

気功や『延命十句観音経』によって、私はいのちのエネルギーを日々高めています。ホリスティック医学の目的はいのちのエネルギーを最大限に高めて、猛烈な勢いであの世へ飛び込んでいくことです。人によって方法はそれぞれ違う。私にとってはこの二本を続けることが、ホリスティック医学の実践なのです。

そして三つ目、欠かせないのが晩酌です。一日を目いっぱい働き、夕方六時半になったら湯豆腐や刺身を肴に一杯飲みます。全速力で走って、ハーハーいいながら、その日のゴールにたどり着いての一杯のビール。何にも代えがたいときめきです。これで死んでもいいと思って一日を終えます。

気功と『延命十句観音経』でいのちのエネルギーを高め、仕事を終えた後のお酒で一日を生ききった喜びを爆発させる。このルーティンでホリスティック医学をたぐり寄せ、虚空へ近づくつもりです」（『汝のこころを虚空に繋げ』　帯津良一著　風雲舎　２０２０年）

「同志がいた」

帯津さんからこうした話を聞いたのは90年代の半ばごろですが、独立しようという気持ちを持っていたぼくは、帯津さんの話に夢中になりました。（お、ここに、革命の同志がいた）と思ったのです。街頭デモこそ一緒にやりませんでしたが、自分の方法に疑問を感じ、こうではないかと命題を掲げてやってみる――問題点がはっきりする――新しい方法を考える――という帯津さんの思考と実践が、わが同志のように思えたのです。

帯津さんの話に感動したぼくは講演会によく通いました。谷中《やなか》の全生庵《ぜんしょうあん》には何度通ったことでしょう。

当時ぼくは大宮に住んでいたせいもあり、荒川を越えると旧帯津三敬病院はすぐだったような感覚で、早朝7時、病院内の気功道場に足を向けることが増えました。早朝練功もそのころです。帯津流の筋の通った気功法をマスターしたいと思ってのことですが、これは未熟のままでした。

ぼくの気分としては、帯津さんは「わが同志」ですから、遠慮なしに何でも聞けます。同時に、「人間まるごと」ですから、取材だけにとどまりません。酒、旅行、食事にご一緒することが多くなり、「患者会」（年1回、患者が独自に行なう飲み会。帯津さんをはじめ多くの医師や関係者たちが招かれて夜通し飲む）の常連となりました。当時の山田幸子総婦長から、「あんたの腕が上がるのは、気功より酒のほうばかりね」とドつかれました。
ぼくが編集した帯津さんの本は、以下です。
『気功的人間になりませんか』（1999年3月）
『いい場を創ろう』（2005年7月）
『花粉症にはホメオパシーがいい』（帯津良一　板村論子著　2006年2月）
『静けさに帰る』（加島祥造・帯津良一著　2007年11月）
『がんと告げられたら、ホリスティック医学でやってみませんか。』（2011年7月）
『毎日ときめいていますか？』（2016年10月）
『汝の心を虚空に繋げ』（2020年8月）

10・「お前はバカだなあ……」（加島祥造さん）

ぼくにとって印象深い一冊が『静けさに帰る』です。帯津良一さんと加島祥造さんの対談です。

加島祥造（1923〜2015年）さんは、ぼくの人生の師。〝伊那谷の老子〟と呼ばれた

加島祥造さん（左）と帯津良一さん。伊那谷の加島邸の庭で。

詩人、英文学者。伊那谷の加島家には、遠足に出かける小学生のように心弾ませて何度も通いました。

碁好きの加島さんはぼくと対戦するとなると、「おれのほうが上だ」と確信している風でした。１００番打ったとしたら70勝はぼく。控え目にいっても6・4、というのがぼくの認識。加島さんの棋風を「『求めない』（小学館）というベストセラーを書いた著者にしては〝求めすぎる〟」と評したのは、碁記者であり加島さんの漢詩仲間の秋山賢司さんでした。

加島さんは玄関先にぼくの姿を見ると、待ちかねていたように食事もそっちのけで碁に熱中し、挙句の果てに、

「お前は、このあたりの農家に引っ越しってきて、そこで仕事をしたらどうか」といいだす始末です。

碁と雑談を重ねていくと、加島さんはこちらの惰弱な性格を見切り、「お前はバカだなあ……」が口癖になり、もう少し歯ごたえのあるやつはいないかとアジるのです。たぶん碁だけではなく、こちらの人間性を見越しての評でした。ということから、ぼくの敬愛する帯津良一さんと対談してもらうことになりました。

以下は『静けさに帰る』の一節です。

ホームカミング――大きな世界へ帰る

帯津　「旅情」のところに戻りますが、私は、悲しくて寂しいというのは、生きていることとの本質的なところだろうと思っていたのです。それがさっきの「旅情」を持った人ということになると、これは旅人だから悲しくて寂しいわけですよ。でも、そう言う場合、これも悲しさ寂しさもあるけど、それだけじゃないんですね。やっぱりしみじみとした、もっとポジティブな気持ちもそこに入ってくる。孤独感に解放感、喜びに、ときめき。
加島　そうそう。それと、「旅情」の向こうにあるものは何かっていうと、「ホームカミング」なんだよ。

帯津　「ホームカミング」……

加島　「ホームカミング」。どこか大きな世界に帰るというね。

帯津　ああ、そうですね。いいですね。私たちは虚空に帰るんですものね。

加島　ええ、あなたがさっき、多くの人の死顔が安らいでいると言ったように、そこに帰るのは、大きな母のもとに戻るような気持ちかもしれない。

帯津　そう言われるとわかりますね（笑い）。

加島　僕も散々あちこちうろうろした人間でね、女性たちとめぐり会い、国々を渡り歩いてね。それが伊那谷に来て、やっぱりああ、ようやく自分の「旅情」が、ここで「ホームカミング」の世界に向かっているなあという気がしてるんですよ。

帯津　いいですね。そして互いに相手の「旅情」を敬って生きる。

加島　そうですね。相手もひとりで虚空に旅立つ人ですものね。僕はそういう大きなものを、自然の中に見たわけです。

帯津　タオですね、やっぱり。

加島　そういう意味では僕は寂しい道を歩きながら、ホームというものへ、さらに言えば、母親という言い方でもいいんですけどね。マザーランドに……

帯津　帰ると。

加島　ええ。老子の言葉に、

「水の行く先は――海
草木の行く先は――大地
いずれも静かなところだ」

とあります。

「すべてのものは大いなる流れに従って
定めのところに帰る」

と続くのですが、これが「ホームカミング」でしょうね。

帯津　ああ、いいですねえ……。

加島　人は、人生で喜んだり悲しんだり悩んだりいろいろ活動するのですが、やがてそれも終え、そのエナジーは、あなたがおっしゃるように、虚空に帰る。命というものは、静かなところへ帰ることを知っている。だけど、社会でのいろんな習慣やら要求に駆り立てられたまま死を迎えるとなるとね、死が恐ろしいものになってしまう。老子の言う静かなところというのは、憩いの場所なんですね。命はそれを直観的に知っているから、ひとりで旅したときなんか、その想いを感じる。それがあなたの言う「旅情」だと思うなあ。

帯津　「旅情」と「ホームカミング」がそこでクロスしますね。

加島　そうですね、中国にはそういう考えがずっとあったのですね。袁枚《えんばい》の言葉に「逝く人を帰る人とするならば、生きている人は行く人といえよう」（逝者為帰人即存人為行人）とあります。行人は旅人のことでしょう。

帯津　人はそうしてみな、大いなるところへ帰るのですね。

（『静けさに帰る』２００７年）

「静けさに帰る」

虚《うつろ》とは
受け容れる能力を言うんだ。
目に見えない大いなる流れを
受け容れるには
虚で
静かな心でいることだ。

静かで空虚な心には、

いままで映らなかったイメージが見えてくる。
萬物は
生まれ、育ち、活動するが
すべては元の根に帰ってゆく。

それは静けさにもどることだ。
水の行く先は――海
草木の行く先は――大地
いずれも静かなところだ。
すべてのものは大いなる流れに従って
定めのところに帰る。
（そして、おお、再び蘇《よみが》えるのを待つ。）

それを知ることが智慧であり
知らずに騒ぐことが悩みの種をつくる。
蘇るのを待つのだと知ったら

心だって広くなるじゃないか。
心が広くなれば
悠々とした態度になるじゃないか。

そうなれば、時には
空を仰いで、
天と話す気になるじゃないか。
天と地をめぐって動く命の流れを
静かに受け容れてごらん。
自分の身の上をくよくよするなんて、
ちょっと馬鹿らしくなるよ。
（加島祥造全訳想像詩『老子』第十六章）

11・西城信さん――〝デモーニッシュな怪物〟

少年のころに戻ります。

野球野球で目いっぱい遊んでいた小4のころ、ぼくは兄貴の投げる直球を必死に受けていました。（こいつ、どこまで捕れるか……）と試すように、彼は時々、本気で速球を投げてきたものです。そんなある日、熱っぽさを感じた。肺浸潤。結核の一歩手前。ストマイもペニシリンも手に入らないころ。近くの西城病院に半年ぐらい入院。

病院の広い敷地すべてが遊び場だった。院長の自宅区域に入り込むと、きれいなフォームでボールを投げている人がいた。一関中学校野球部のサウスポー西城信《さいきしん》さん。兄貴のちょっと下、ぼくの3つか4つぐらい上。この人と後年付き合いが生じるとは予想もしなかった。

信さんは東大に行ってヘーゲルをやった。〝デモーニッシュな怪物〟とは、早大から東大へ転校して西城門下となった早坂君の評。彼は怪物の呪縛から逃れようと必死だった。西城家の子どものほとんどは東大に入った。暇があれば駅前のパチンコ屋で玉をはじいていた院長さん、奥さんの姿は見たことがない。東大神話の秘訣は「おやじではなくおふくろにある」といううわさだった。母親が子どもの耳にそっと何かをささやくらしい。それが決め手だと。へえ、ぼくのおふくろは怒鳴っているほうが多かったけど。

入院中の付き添いのおばさんはどうしたかな。八百屋でリンゴをふたつ買い求め、病院に帰ると3つでてきた。それをいうと、おばさんは「黙ってろ、人にはいうな」と怖い目でにらんだ。

病状が進んだ。一関市山目在の国立岩手療養所に転院。南斜面の広大な土地に建てられた病棟群。松林に囲まれた広い空、きれいな空気。子どもの目にも、桃源郷だった。そのなかの6人部屋にぼくのベッドがあった。周りは大人。小4の珍客にみんな親切だった。すっと溶け込めた。安静時間にはちゃんとベッドに寝ていたと思うが、小4は何でも珍しく、所内のあっちこっちと遊び歩いていたに違いない。探検する場所がいっぱいあったから。

鮮明に覚えているのは山崎さんという看護婦さん。きれいな、いい匂いのするお姉さん。ある日彼女が休みと知った。風邪をこじらせたらしい。長い長い屋根付きの渡り廊下を延々看護婦寮まで歩き、名札を確認しながら彼女の部屋にたどり着いた。まあ、よくここまで来れたわね、うれしい——と彼女。よくぞ行ったり。異性好きはあのころからだったか。小康を得て退所。1学年遅れて2度目の4年生。まあ、いいか……

徳間書店『テレビランド』の時代に、信さんとの交流が始まった。

信さんはおっかなかった。ぼくが覚えたての他人の言葉（左翼用語）でモノをいうと、「自分の言葉でしゃべれ」と怒鳴った。ヘーゲル流の難解な言語を駆使し、真冬にシャツ

１枚、何冊もの本を包んだ風呂敷を抱え、杉並区清水町のわが借家にやってきた。

酒になると、頭の回転を制御するためとしか思えない調子でグイグイ飲み、飲むごとに舌鋒が鋭くなり、深みを増した。常人離れした風貌、それを見た小１の次女は「怖い！」と叫んで転び、ちゃぶ台の角に額をぶっつけた。芥川龍之介を見て怖いと叫んだ女の子のように、通常と異なる何かを見たに違いない。

誘われて同人誌『批評』の集まりに出ると、西城さんは、別役実、有馬弘純、喜多哲正氏らの中心人物を滅多切りにして、「おまえら、自分の頭で考えろ、他人の意見を持ってくるな」と怒鳴っていた。

彼にはゲッペルスなどの翻訳ものが多く、まとまった作品は少なかった。数少ない作品のなかで、「海は満つることなし――三島由紀夫論」（季刊『評論』４号）はおもしろかった。ドイツ浪漫派、ドイツ・ナチズムの研究家としての造詣の上で、三島由紀夫と鋭く対決した作品だった。巷に溢れている三島由紀夫論のなかでも特異だった。

三島由紀夫の死は１９７０（昭和45）年11月25日だから、その１年後ぐらいに書かれたものらしい（『評論』発行日・昭和46年４月）。「何かありませんか？」というぼくの依頼に応じて、机の中に放り込んでいた原稿を送ってきたのです。原稿が同封された手紙の日付を見ると、１９８６年11月７日とあったから、三島事件からおよそ15年後も経ってから送ってきたことになります。

ぼくはこの原稿を、三島の死をめぐる数多くの論評のなかでも優れていると受け止めました。ぼく自身、三島の死をどう受け止めたらいいかわからなかったこともあり、「この世におけるきみの存在は一個の悪であった。正確にいえば小悪党であった」と断じる西城さんの見解に凄みを感じたのです。加えて、論評するとはこういうことか、ケンカを売るとはこういうことかと斬新な目で読みました。

西城さんがときどき会社にお顔を見せたのも、出版社に籍をもつ郷里の後輩に公刊するよすがを求めていたのかもしれない……「好きにしていいよ」といわれたことも含め、以下に抜粋を載せました。（全文収録したかったが、紙幅の関係で抄出。文責は著者）。

「海は満つることなし」（三島由紀夫論）――西城　信

（弔辞）

きみの異様な最期のため葬儀も密葬とききき、このようなかたちで弔意をあらわさせていただく。

生前、きみとは一面識もなかったが、ぼくはきみの作品をみている。ひともいうように、芸術家はまずその作品において判断されるべきであるとするならば、きみがその優れた才能できみの人となりを十全に表現した数々の作品をぼくはよくみている。きみの喜びと苦しみをだれよりも深く感じとっていると自負するものである。

幼少からきみは文学・芸術にしたしみ、御両親の寵を一身にあつめて成長した。きみは御母堂に手をひかれて文学の師についた。芸術に理解ある母をもつことはじつに幸福なことである。きみの芸術全般におよぶひろい教養は母上から授けられたものだと言っていい。日本の家庭においては稀有に属する。長じて作家となったきみが駆使した華麗な言語はわが国有数のものであった。

（中略）

きみは子としての孝の道を忘れず、まず官途につき、文壇で名をあげてから作家の生活にはいった。思慮も分別もある周到な選択である。『渋江抽斎』の作者のように芸術家でありながら官界にとどまることを潔しとしなかったのは立派なことである。こうしてきみは代表作『仮面の告白』から『金閣寺』までよく芸術の神アポロにつかえた。

いつの頃からか、きみはニーチェに親しみ、かれを通してギリシアの世界へ近づいた。きみはみた——ギリシアの神々、アポロ、ディオニュソス、オルフェウス、ヘルメス、アドニスを、またそれらの神々と人間の上に君臨する運命を。世に「三島美学」と称されるきみの芸術観はニーチェのそれであり、手短かに言えば『悲劇の誕生』一冊である。ニーチェは言う。

芸術の進展はアポロ的なものとの二重性にむすびついている。造型家の芸術すなわちアポロ的芸術と、ディオニュソス的芸術としての音楽、という非形象的芸術との対立がそれであるが、こうしたぼくらの認識はギリシア人たちの二柱の芸術神、アポロとディオニュソスにむすびついている。かくもあい反する二つの衝動はともに並んで歩いてくる。おおくの場合あからさまにあい争いながら……無限にあの対立の戦いをくりかえす。……両者は結局、(ギリシア的「意志」という奇蹟のなかで)アッティカの悲劇というディオニュソス的であると同時にアポロ的でもある芸術作品をうみだすにいたる。

ニーチェによれば造型芸術の神はアポロである。ニーチェの徒としてきみはアポロに仕えた。きみは選択をあやまらなかった。またその態度は禁欲的修道僧のそれであり、『仮面の告白』から『金閣寺』までの精進は驚嘆にあたいする。

明るい地中海の神につかえながらきみがつくった芸術は、きみも言うとおり「死と夜と血潮」のカンタータである。『仮面の告白』がそうだ。シラーが定式化した「自然」と「精神」、「素朴」と「情感」の古典的対立の比重を逆転させたところに、このすぐれた小説の現代性は成立している。潑剌たる苦悩に感動した。素朴を求める精神の痛切な叫びにぼくはうたれた。「死と夜と血潮」の淵に曙の光がさしこむところは感動的である。

園子は……光の揺れるようなしなやかな身ぶりで私のほうへ歩廊を駈けて来た。私は私のほうへ駈けてくるこの朝の訪れのようなものを見た。……私の直感が園子の中にだけは別のものを認めさせるのだった。それは私が園子に値いしないという深い虔《つつ》ましい感情であり、それでいて卑屈な劣等感ではないのだった。一瞬毎に私へ近づいてくる園子を見ていたとき、居たたまれない悲しみに私は襲われた。かつてない感情だった。私の存在の根柢が押しゆるがされるような悲しみである。……悔恨だと私に意識された。

園子があらわれるまで、きみは「死と夜と血潮」へむかってゆく。きみの憬れと「何よりも身近で親しい残忍非道な幻影」を、この人間の意識の最下部にあるものをパイプオルガンで耳を聾するばかりに演奏する。小説が半分をすぎたところでこの善にして美なる女神をきみは導きいれる。生まれかわりたいという叫びは「死と夜と血潮」のモチーフに善美のモチーフがかさなるところに生じ、ぼくを打つ。この作品を息ぐるしいまでに張りつめさせているのはこの叫びであり、きみに「良心」を呼びさました園子である。『仮面の告白』という奇妙な題にもかかわらず読者はこれを「熱烈なる心の懺悔」と感じとったのは当然である。

しかし、『金閣寺』では「自然」への怖れと、「精神」の苦悩はともに放棄されている。これがきみの頂点とすれば、まさにきみにおけるバーバリズムの完成である。

現実の金閣寺が焼けたのは昭和二十五年、きみが『仮面の告白』を出した翌年である。しかし、小説『金閣寺』が発表されたのはその六年後、昭和三十一年である。きみはじつに六年をかけてこの作品を書きあげた。その間の作品は『金閣寺』のための習作にすぎない。いいかえれば、『金閣寺』は『仮面の告白』に接続している。

きみは『仮面の告白』の冒頭にドストエフスキーの「熱烈なる心の懺悔」を引用した。「美――美という奴は恐ろしい怕《おっ》かないもんだよ！」そうだ。ぼくもそう思う。しかし、その後のきみの道行は美を恐れてはいない。「おっかないもの」を美ととり違えただけだ。きみは金閣を美――永遠の美と規定する。

（中略）

永遠の美をきみは愛し、あこがれ、支配される。そして、ついに生きるために金閣を焼く。

あふのけに倒れた私の目は夜空を見てゐた。おびただしい鳥が、鳴き叫んで赤松の梢をすぎ、すでにまばらな火の粉が頭上の空にも浮遊してゐた。

身を起して、はるか谷間《あひ》の金閣のはうを眺め下ろした。異様な音がそこからひびいて来た。爆竹のやうな音でもある。無数の人間の関節が一せいに鳴るやうな音でもある。

ここからは金閣の形は見えない。渦巻いてゐる煙と、天に冲してゐる火が見えるだけである。木の間《こま》をおびただしい火の粉が飛び、金閣の空は金砂子《きんすなご》を撒いたやうである。

私は膝を組んで永いことそれを眺めた。

金閣の形はみえない。金閣はたしかに焼けている。形をかえた。「金砂子」となってそれは中天にある。これは金閣そのものの祭ではないか？「暗黒時代の象徴」は夜空に「金砂子」と化して華やかである。これで美は亡びたのであろうか？

ここで、ぼくは美にたいする徹底的な断罪、美をほろぼすならこうもあろうかと思われる例をあげたい。きみも子供の頃読んでいるライダー・ハガードの『洞窟の女王』である。死滅したアフリカの文明のなかに生きる神秘的な女王、人間を絶対的に服従させる彼女（『彼女《シー》』これが原題だ）、崇高なまでに美しく、賢く、情熱的で、超自然的な力をもつ女王の奇蹟的な忍耐力――わが手で殺した恋人カリクラテスの回帰をまち、あこがれそのものとなって、二千年を生きつづけてきたアイシヤは神話そのものの崇高性を帯びて、かぎりなく美しい。まさにきみの金閣である。この不滅の美をハガードはどう裁くか？　アイシヤが不滅の美をたもち、永遠の青春を生きてこれたのは、「生命の火」を浴びたからである。恋人に会えた彼女は、ともに「生命の火」を浴びて、永遠に生きようと青年を誘い、まずこの炎にはいる。だが、ふたたび「生命の火」に触れたアイシヤは見るみる二千歳の老婆に変身する。「アダムの前のイブのように、豊かな髪で身体を覆った」アイシヤは一瞬にして猿となる。


彼女の顔はぼくの目の前で老いていく！……彼女は頭へ手をのばし彼女の髪に触れた――すると、ああ、なんと恐ろしいことだろう、――髪はするりと床におちた。

「おお、見ろ！　見ろ！　彼女が縮んでいく！　猿になりかかっている！」そして全身をひきつらせ、歯をくいしばって、床にたおれた。……

小いさく、さらに小さく。彼女はもはや狒々《ひひ》にすぎなかった。いまや皮膚はびっしりと皺がより、不様な顔には言語に絶する年令が烙印されていた。

（中略）

彼女はやせて骨ばった手で身をおこし、あてもなくまわりを見まわした。亀のようにのろのろと首を左右に振りながら……

「カリクラテス」と彼女はしわがれたふるえ声でいった「忘れないで、カリクラテス……」

二千年前に、彼女が僧侶カリクラテスを刺し殺した場所、まさにその所に彼女自身は倒れ、息たえた。

震撼的な断罪である。……美のヒュブリスは完全に葬られている。この熱狂的な千年王国論的断罪にハガードは「神の手」をみている。

（中略）

きみは『金閣寺』を次のように閉じる。

ポケットをさぐると、小刀と手巾に包んだカルモチンの瓶とが出て来た。それを谷底めがけて投げ捨てた。

別のポケットの煙草が手に触れた。私は煙草を喫んだ。一ト仕事を終へて一服してゐる人がよくさう思ふやうに、生きようと私は思った。

きみは金閣が醜く変貌するところを描かない。目をそらしている。

これはおかしい。もし、美の息の根をとめたいなら、そして、それによってきみが生きたいなら、きみは主人公を翌朝にも焼跡へつれだし、金閣の残骸を丹念に眺めさせるべきだ。永遠の美が焼けただれて、醜い姿をさらしているところを描かねばならない。そうだろう？　『仮面の告白』で、勇気をつけるために電車のなかで他人の顔をじろじろ眺める修業をしたように、無残な姿になった金閣をゆっくりと眺めさせなければならない。

アイシヤは猿になり亀のように首を振っている。どうしてきみは金閣にそうさせなかったのだ？　「私は煙草を喫んだ。……生きようと私は思った。」これはみじめだ。こんな様でだれが生きられるか？　金閣を猿にし、亀にし、みじめな恰好にして吹きとばさないかぎり、きみが猿であり亀であるほかはない。作中に展開したきみの定式による結論だ。夜空の「金砂子」で生の凱歌をあげることはできない。

（中略）

きみが金閣を焼いたのは誤りである。ああして及び腰で金閣に火をつけた時、きみは美とともになにものかを焼きはらった。きみを支配するもうひとつのもの──「良心」を焼き殺した。つまり『仮面の告白』で「全存在をゆるがすような悲しみ」をあたえてくれた園子を殺した。きみは園子を焼き殺した。『金閣寺』はきみの転換点だった。園子を殺すことで、きみは彼女が授けてくれた「良心」をも失った。じつにきみは美を亡すと称して倫理をも焼きはらったのである。

きみが『金閣寺』で確立したといわれる「三島美学」は破壊衝動の大肯定に基づくバーバリズム「美学」である。主人公に最後の決意をさせる時、きみは臨済録を次のように引用する。

裏《うち》に向ひ外に向って逢著せば便ち殺せ。仏に逢うては仏を殺し、祖に逢うては祖を殺し、羅漢に逢うて羅漢を殺し、父母に逢うては父母を殺し、親眷《しんけん》に逢うては親眷を殺して、始めて解脱を得ん。物と拘はらず透脱《とうだつ》自在なり。

（中略）

金閣以後、きみはひたすら怪力乱神を語り続けた。口にすべからざることをわめき続けた。『美徳のよろめき』『獣の戯れ』『わが友ヒットラー』『豊饒の海』どれもこれも身の毛のよだつ題である。

小説家としてのきみは『金閣寺』までであるが、作品そのものとしては『金閣寺』はどの細部をとっても、きみが以前に書いた『金閣』に及ばない。

（中略）

『金閣寺』完成前後からきみはボクシング、ボディビル、剣道で身体をきたえはじめた。きみ自身の肉体を芸術作品とすべく、それをディオニュソスに捧げたわけである。そして精神は依然として造型の神アポロに捧げつづけて、手にのみと槌とを持ち、ペンを捨てなかった。これは恐ろしい背理であり、瀆神である。同時に、二柱の神それもあい争う二柱の神に仕えることが許されるであろうか？　ニーチェが例外的奇蹟的に許されるといったのはギリシア悲劇であり、ワーグナーの楽劇である。

　きみは人間に不要な筋肉をきたえ、硬質の、きらびやかな肉体をつくりあげた。きみは肉体の表面を硬化させた。大理石におよばぬまでも骨の硬度を求めたきみは、見事にそれをなしとげた。その結果、きみの身体は背骨なしでも立てるほどになった。いいかえれば、内部の骨を殻として外に押しだしたわけである。すばらしい確実さと大胆かつ繊細な趣味によって、きみは美しい殻を身にまとった。硬さが外部にあって内部にないことによって美しい海のかたつむりや貝のような存在になった。論理的・生物学的にきみは完全な倒錯者、まったき反人間と化した。人間ではない。脊椎動物でもない。外部に骨をもつ蟹や昆虫の類である。「お前は人間ではないのだ。お前は人交わりのならない身だ。お前は人間ならぬ何か奇妙に悲しい生物《いきもの》だ。」カフカの『変身』の主人公は神の祝福か呪いによって一夜で反人間となったが、きみは驚嘆すべき力業でそれをなしとげた。きみは欲したものを得たといっていい。

こうして、きみはこの奇怪な時代に君臨する威丈高なチャンピオンとなった。「ひれ伏すか？　百万の人びとよ。創りぬしが感ぜられるか？　世界よ」

ここから恩寵の道は呪いの道とかわる。

（中略）

とにかくペンははなせない。そこで今度は、きみはいかがわしい手品師のように古いまがいものの宝石や飾でめかしたてること、文学のまねごとをはじめた。仮面をつけた形式にたよった。きみは物欲しげな手をのばして、あらゆる文学の園を荒らそうとしたが、きみにできたことはまねごとであり、型であり、「お作法」にすぎなかった。きみがアポロを裏切ったからこそ、ディオニュソスもまたきみを見捨てたのだ。

（中略）

きみの文学はついにお作法の解説書になった。『不道徳教育講座』『文章読本』『反貞女大学』『葉隠入門』……これらはすべてお作法である。不道徳、不作法というものはお作法の一部である。きみの文学は〝お文学〟となった。

（中略）
作品がやせ衰えるにつれ、きみは殻をきたえ、形式にすがり、生活においてますます礼儀ただしくなっていった。（中略）。嘲われまい、人はどう思うだろう？　これでお作法にかなっているか？　と世間に気がねしながら型でしめあげられ、萎縮していくきみの文学と人生はみじめである。

　われわれは野獣の誇りを失ったものを家畜と名づけ、人間の尊厳を棄てたものをけだもの、と呼ぶ。ともにその運命に耐ええなかったものである。きみは野獣の観点から見れば家畜であり、人間からすればけだものである。

（中略）

　この頃、きみは彫刻家から転身してデマゴーグとなった。三度目の商売がえである。道徳の商人《あきんど》となったきみが鉢巻をしめて店頭にたち、わめき声で客を呼びこもうとした店に並んでいるものは、すべて骨董のように時代がかったもの、伝統によって正当化されたものである——「憂国」「葉隠」「英霊」

　きみは映画『憂国』にトリスタンとイゾルデを流したという。きみはあのなんでも屋の音楽を理解できたか？　ウェーバー自身の指揮による『魔弾の射手』をきいて、「国王でも皇帝でもない。あれだ！　立ってああいう風に指揮するんだ！」という怪しげな野心から音楽家を志した人間の最後の楽劇が『神々のたそがれ』であることを。ワーグナーは少年時からの権力意志をここで完全に否定した。ワーグナーの生涯を貫くライトモチーフは愛である。最後の言葉も「愛——悲劇」だった。

（中略）

革命を裏切り、莫大な借金をかかえて生涯ヨーロッパを国から国へと逃げまわったこのドイツ無宿は、自分の家庭を破壊し、他人の運命を狂わせ、六十を過ぎても夜逃げする有様で毎日死ぬことばかり考えていたという。しかしこの放蕩者は「愛」ということにまじめに悩んでいた。そこにかれの健康さがある。だからこそ『愛の死』もつくれたのだ。彼の作品の圧倒的な効果は計算とデカダンツにのみもとづくものではない。

私の純粋の感情だけが、私にこの力をあたえる。私は私自身が純潔であると感ずる。私は内奥のもっとも深きところにおいて、私がいつも他の人々のために行動し、自分のために行動しなかったことを知っている。そして私の苦悩が、その証人である。

感動的な告白である。これは思いあがりや言いのがれではない。人間が絶体絶命のときに放つ叫びである。

（中略）

きみはなんと折目ただしいものばかり選んだものだろう！　武士道、国学、ギリシア、「お能」。伝統の力によって超越的価値として承認されたものばかりである。道具屋に案内されたような戸惑いを覚えるのはぼくばかりではあるまい。

きみは地蔵に祈らない。無脊椎動物がデマゴギーのために並べたてた武士道、陽明学、葉隠……どれも自己の骨格の運動様式――お作法にすぎない。すなわち内容は無である。横だおしになった地蔵や墓石を踏みつけて進むきみの苦悩はワーグナーとどこでつながるのか見当もつかない。トリスタンを窃取するなどもっての外だ。

きみの芸術の神アポロとディオニュソスに瀆神の行為を重ねながら、あろうことか、信ぜぬ神まで担ぎだした。「すめろぎ」である。どんな神輿もかついでみせるとうそぶく蟹の歩みはとどまるところを知らぬ。

学習院から東大法学部へすすみ、大蔵官僚となった平岡公威、作家、彫刻家、デマゴーグと転職を重ねた三島由紀夫を貫くものは何か？　「力への意志」である。

かういふ少年は、たやすく想像されるやうに、二種類の相反した権力意志を抱くやうになる。私は歴史における暴君の記述が好きであった。吃りで、無口な暴君が私であれば、家来どもは私の顔色をうかがって、ひねもすおびえて暮すことになるであろう。私は明確な、辷りのよい言葉で、私の残虐を正当化する必要なんかないのだ。私の無言だけが、あらゆる残虐を正当化するのだ。かうして日頃私をさげすむ教師や学友を、片っぱしから処刑する空想をたのしむ一方、私はまた内面世界の王者、静かな諦観にみちた大芸術家になる空想をもたのしんだ。――『金閣寺』第一章第一節――

これがきみだ。

（中略）

いかに死すべきかなどということはじつに小さな問題である。問題はいかに生くべきかである。「死ぬやつはばかだ！」と咆哮しながら生きぬいた野獣と、こうして死ぬものだといって、兵隊ごっこをしながら一人では死にきれず、前途有為の青年を道連れにしたけだものとは天地の差がある。きみの生きざま、死にざまは一言でいうとケチくさい。商売がえのしかたもこそこそしている。作家、彫刻家・デマゴーグ・野外劇の演出家兼俳優。永久に前進することのない蟹の横ばいだ。

（中略）

この世におけるきみの存在は一個の悪であった。正確にいえば小悪党であった。彫刻家になりながら作家を装い、その彫像が見るかげもなくなってから、厚化粧をほどこそうとしてデマゴーグになった。それからというもの、ぼくはきみから目をそむけていた。学生たちを相手に演壇で語る姿をテレビでみたが、きみの野卑な顔におもわず目をそらした。目をふせるということは……ぼくはきみを愛していたのだろうか？　とにかく、今度のバルコニー上のきみはけだものである。きみの顔は正視するに耐えない。野卑であり、野蛮である。

（中略）

しかし、きみの意図は明らかだ。虚構の永遠化、反人間の定立による反社会、反世界の大肯定。存在してはならないすべてのものに価値をあたえること、一切価値の転換、世界の暗黒化である。

きみの芸術は礼節からはじまり、お作法から不作法に転落し、ついには犯罪そのものとなった。ああ、才能とはなんと災いおおき贈物だろう！　だが、才能すべてがそうなのだろうか？

「私は内奥の最も深きところにおいて、私がいつも他の人々のために行動して、自分のために行動しなかったことを知っている。」これが才能である。自分一箇のものではない。才能はじつに人類のものである。それをきみは一人占めにしようとした。これが災なのだ。

きみの生涯と芸術が卑小なものにならざるをえなかった原因はここにある。

きみの墓は砂漠にたつ。きみが求めたところである。

三島由紀夫の墓の周りは砂漠となるであろう。日本の滅びる時である。ファラオの墓ピラミッドが満つることなき砂の海に浮かぶことをおもえ（以下略）。

12・自分のこと

自分自身のことを述べます。

岩手県一関市。昭和30（１９５５）年ごろ。高校1年生のぼくに左翼意識が芽生えたばかりでした。旧制中学の伝統を継ぐと称してマントを羽織り、朴歯《ほおば》の音を響かせ高校へ通う途中、中小路という高級住宅街の一角に「M」という表札を掲げた屋敷があり、門前にはいつもリンカーンがエンジンをふかして停まっていた。市長のお出ましを待つ専用車。わが身辺の貧困を意識していたぼくは、（田舎の市長ごときになにがリンカーンだ……！）と心中毒づきながら通り過ぎたものです。

同じころ、一関小学校の近所にあった日本共産党一関支部のおやじさんと仲良くなり、「アカハタ」や宮川実の『経済学教科書』などを読まされ、日本共産党の洗礼を受けました

（入党はまだ早いといわれた）。日本共産党が健在で、〝代々木〟と呼ばれるちょっと前のころ。『蟹工船』（小林多喜二）や『太陽のない町』（徳永直）などを読んでいた田舎の高校生の目には、日本共産党はまぎれもなく前衛党というイメージがありました。交流は1年ぐらい続いたでしょうか、前衛党の末端という感じはするものの、「アカハタ」にも雑誌にもなぜか貧しいものを感じていました。

あのころ、ぼくはさっさとこの町を出て、なぜこの世に貧富の差があるのか、帝国主義とは何か、国家独占資本主義とは何か、この世のひずみがどこに原因するのか、それを変革するにはどうすればいいのか——そんなことを一刻も早く知りたかった。

父親を早く亡くしたわが家は貧しかった。父親はぼくが2つになる前に亡くなった。おやじは朝鮮総督府の勧業課長として京城《ソウル》を皮きりに新義州《しんぎしゅう》、博川《はくせん》、江界《こうかい》と赴任地を回った。新義州で生まれた長女には「新子」、博川生まれの次女には「博子」、松の名産地で生まれたぼくには「松夫」と名前がつけられた（兄貴は内地生まれだから任地の地名に関係なく、祖母、祖父の名前から「豊三郎」となった）。

だからぼくはおやじを知らない。残されたアルバムで、この人が父と知るだけ。4つ上の次女、5つ上の長女、7つ上の長男は知っている。少なくても匂いや感触を記憶している。ぼくはまったく知らない。

内地に引き揚げたおふくろは、まず自分の手持ちの呉服を友人たちに売ることを始めたそうです。ところが手持ちの物はなくなります。商売をしている旧知の友人が、「商いというのは、仕入れをして、それを売る、その利ザヤで飯を食うことだ」と教えてくれたそうで、そうこうして呉服販売が本業になったというわけ。

とはいっても店舗はなく（後を継いだ長女の時代に店舗ができた）、呉服を背負ってお得意さんの家を訪ね歩く「行商」でした。ときには、おふくろが歩きで先に得意先に行き、その後を、反物を自転車に括り付けたぼくが追うという場面もよくありました。中学生になりたてのぼくはそれがいやでいやで、屈辱的な商売だと思っていたのです。でもぼくらの一家はこのおかげで生きてきたのです。おふくろはしゃにむに、赤鬼のようになって、4人の子どもを育てました。「その昔赤鬼のごと怒りし母は慈母観音のごと微笑む」――すぐ上の姉が詠んだ一句です。

母の自慢のひとつは、昭和天皇と同い年、同級生――でした。「天皇が下血」などの報を聞く度に、母は（しっかり、しっかり）と心中でエールを送っていたようです。天皇が逝く（1987年1月7日）のを見届けた後、3月3日に亡くなりました。

もうひとつ忘れらないのは、「まつお、一度でいいから飛行機に乗せてくれ」でした。ぼくが一人前に給料を得ていたころ。その気になれば可能だったはずですが、ああ、いいよと安請け合いしながら、ずるずる引き延ばし、結局飛行機の件はナシだった。ごめん。

わが家は貧しいんだなと思ったことは何度もあったようですが、本当に貧しいと思ったことはなく、近所のガキどもを引っ張りまわしたり、野球に夢中だったりして屈託なく遊んでいて、高校生になってもその気分は変わりませんでした。

高2年のある日。おふくろが「そこに座って……」と前置きして、いつになく真剣な表情でこういうのです。

「母ちゃんはおまえを大学にやる余裕はない。頼みがある、高校を卒業したら勤めに出てくれないか？」

「………」

黙って聞いた後で、ぼくはこう返しました。

「いやだ、おれはどうしても大学に行きたい。夜学でもいい、授業料は自分で稼ぐ」

ぼくは新聞記者になりたかった。たぶん兄貴の影響です。兄貴はろくに勉強もしないで高校新聞の編集長の役に楽しそうに没頭していた。かっこよかった。兄貴の書棚からよく新聞記者ものの書物を引っ張り出して読んだ。わが家のすぐ隣に毎日新聞の通信部があり、中村さんという温厚で、品のいいインテリおじさんの姿がこれまたかっこよかった。山村聰が演じた『黒い潮』（というタイトルだったかな？）という映画の新聞記者もすばらしかった。新聞記者！　そのためにはどうしても早稲田大学に行きたかった。だからおふくろのたっての頼みを拒絶した。おふくろに本気で反抗したのはあれが初めてだった。

なんだかんだあったが結局ぼくは、早稲田の夜学（第二政経学部）に入った。力試しに受けた第一文学部英文科、教育学部英語教育課は合格したが、第一政経学部はダメだった。自分がどれぐらいのポジションにいるのか、この自己認識が以後のものさしとなった。娑婆に出ると夜学出と侮られる場面が度々でしたが、大したことはないと肚をくくったのです。浪人する余地はなし。この機を逃して抜け出る道はない。自分で働くと宣言したからには夜学しかなかったのです。

といってもまだおふくろの手の内。働き始めたのは、おふくろの友人がやっていた原宿の「神宮橋旅館」。南海ホークスの定宿。朝５時起床。玄関前の掃除から板の間の雑巾がけ。客部屋の布団の始末。昼飯を食って３時ごろ学校へ。眠りこけたような教授たちの授業はどれもこれもつまらなかった。大内つとむ（このお名前でよかったかな？）先生の英語はおもしろかった。以来ぼくは30種ぐらいの仕事をすることになりました。

だんだん学校の様子がわかって驚いたのは、ぼくみたいな左翼っぽい連中がうようよいたこと。かつての前衛・日本共産党の路線に異を唱える、より左翼の連中の活動が輝いていた。代々木とアンチ代々木の間で主導権争いが公然と続いていて、ぼくの匂いを嗅ぎつけた代々木から「こっちに来い」と口説かれた。でもどうも違うと感じ、極左、トロツキストといわれる側を選んだ。共産党を除名された連中の後にくっついて共産主義者同盟(ブント)に入った。島成郎《しましげお》、古賀康正、小泉修吉、平井吉夫、唐牛《かろうじ》健太郎、青木昌彦らがまぶしかった。

六〇年安保闘争の真っ最中、明日に決起集会を控えた前夜、早大構内に入ってきた巡査(公務で巡回中と主張)ともみあいになり、彼の袖がちぎれた。ちぎったのは別の誰か。翌朝、大濱総長ら大学側との団交の席で、偉そうに正面に鎮座しているぼくの写真が全国紙に載り、逮捕状が出た。公務執行妨害および暴行罪。指名手配ということで10人ぐらいの巡査と私服の一団が雑司が谷の旧菊池寛邸の一角にある下宿を取り囲み、わが手に手錠を打った。戸塚署(早大を管轄)に1泊、警視庁のブタ箱に2泊。結果的には不起訴。

この初志はあまり変わっていない。行動をもって改革を図る立場から、意識を中心にして変革することを求める側に移動しただけ……と思っている。

古い日記を見ると、こんな文章があった。

いまぼくは、かつて抜け出したいとあがいていたあのローカリズム、原郷《パトリ》のような地平に限りない郷愁を覚える。世間をひととおり見、世界のあっちこっちを歩き、やりたいことを大方こなしてみると、結局帰るべきはそういうパトリだったと気がつく。遍歴と帰郷というふたつの振り子は互いを意識することで成立するのかもしれない。だからこんな詩を目にすると、ちょっと涙ぐむ。

これが私の故郷だ
さやかに風が吹いている
心置きなく泣かれよと
年増婦《としま》の低い声もする

ああ、おまへは何をしてきたのだと……
吹き来る風が私に云ふ
（中原中也「帰郷」）

「ああ、おまへは何をしてきたのだと……」

この一句がズキンとくる。東京でのいい加減な暮らしに内心忸怩《じくじ》たるぼくは、一瞬ドキッとする。この感覚は、郷里の駅に降り立つとやってくる。おまえはちゃんと生きてきたか、まっとうに生きてきたか――郷里の風はそれを問う。それはここ以外にない。ここはぼくの故郷、兄弟や友達、おふくろがいて親父がいて、先祖がいたぼくの地だ。たぶんぼくがずっと求めていた時空だ。

お前は何をしてきたのだ……その問いは今にもつながっているような気がする。

（3章）おもしろくなった

13・スピリチュアルな旅

ズキンときたハープの音色

1999年5月オランダ。世界心の平和会議（World Inner-Peace Conference）。ドーム型の国際会議場には参加者が300人もいたでしょうか。国連事務次長のロバート・ミューラー、ヨーロッパ随一のバイオロジーの暴れん坊ルパート・シェルドレイク（元ケンブリッジ大学フェロー、生物学者、超心理学者。1942年～）、クリスティン・ペイジ（ホメオパシー療法医。『チャクラ～癒しへの道』『チャクラ～直観への旅』サンマーク出版）などが集まった国際会議。石を投げれば、聖者か博士に当たりそうな雰囲気です。

その冒頭……前触れもなくハープの音がポロンと響きました。心にすっと届いてくる音色。悲しみ、懐かしさ……肺腑の奥まで響くようなそれ。その音色はぼくを子どもの時代へ、駆け巡っていた山野、屈託なく遊んでいた時代へと誘うのです。ちょっと前に亡くなったおふくろの思い出にまで達しました。強く涙腺を刺激してくるのです。

わずか20分か30分ほどの演奏。魂にズキーンと響くような妙なる音。

演奏が終わっても、ジーンとしびれていました。にじんでいた涙をぬぐい、素知らぬふりであたりを見回すと、みんな泣いています。泣き崩れている人もいます。あ、ぼくだけじゃないいんだと安堵しながら、でも、いったいなんだろう、これは？

となりのアメリカ人らしい人に尋ねると、彼女の名前はテレーズ・シュローダー・シェーカー。欧米では著名なハーピスト。Music Thanatology（音楽死生学）という分野のリーダーで、並ぶものがいないとのこと。

ひっそり死んでいく人に、彼女はこのハープと歌で（彼女は歌手でもある）、死ぬことは負けることじゃないの、大丈夫よ、最後じゃないの……と福音を送り続けている人のようです。

３日３晩、彼女に付きまとって気がついたのは、決して声高に話さなかったこと。講師として話すときも、私的に会話するときも、ひっそりとささやくように、心を込めて語っていました（そのせいでしょうか、彼女の英語はよくわかりました）。なぜそういう話し方なのと聞くと、「そうなっちゃったの」と笑っていました。

帰国して、50回ほどそのハープの調べを聞きました。

すごい！　聞き手の心を、無邪気に遊んでいた幼少期に回帰させてくれるのです。これまでの人生を一瞬のうちに思い出させてくれるようで、「ガキのころはよかったなあ」とか「どうしてこんな人生になったのか」とか、来し方を振り返らせるのです。なんとも懐かしく、心地いい。

フィンドホーン

その足で向かったのがスコットランド。英国の最北端モーレー湾に面したフィンドホーン。アイリーン・キャディ、ピーター・キャディのふたり、それにドロシー・マクリーンという先達が30年がかりで、寒風吹きすさぶ不毛の地を、祈りと瞑想で実り豊かな聖地に変えたという伝説の地。常住人口５００人、年間に訪れる人がおよそ2万人といわれる聖地（現在、活動休止中と聞きます）。

ちなみに帰国して旧帯津三敬病院の「早朝練功」（気のいい池のほとりで行なわれる気功）に参加した際に、帯津さんから「この人はフィンドホーンから帰国したばかり」と紹介され一席ぶつ羽目になりました。下手な旅行談を述べると、患者さんがぼくをとり囲み、どんな様子かもっと詳しく話せというのです。がんが治るという、かの地の伝説は患者さんにもしっかり伝わっているらしく、それには驚きました。かの地の放つ何かが、いま現に病んでいる人々の希望の光となっている。それが印象深く残りました。

この旅は、『フィンドホーンへのいざない』（サンマーク出版　1998年）の著者、寺山心一翁さん（1936～2023年）の先導によるもの。寺山さんは自らのがんをこの地で回復させて以来、病に悩む人とフィンドホーンの橋渡し役を務めていました。

寺山さんのお話を聞き、この地の指導者のひとりマリオン・リーさんの『フィンドホーンのフラワーエッセンス・花の贈りもの』（羽成行央訳　1999年）という書籍を小社が出すことになり、その打ち合わせがてら現地を訪問するというのが名目でした。

「フラワーエッセンス」というのは、花の持つ生命力に働きかけて、そこから人間の肉体、精神、感情、霊性などにそのエキスを頂戴しようというもの。ホメオパシー（同種療法）に似たそれ。フラワーエッセンスと聞けば、バッチ博士を思い起こしますね。100年ほど前にバッチ博士が開発した手法で、マリオン・リーさんはその最先端にいるひとり。眠れない人がこのエッセンスを服用したらコロンと眠れたというような効用があるなどと聞いていたのです。

翻訳者の羽成行央先生はがんと宣告され、あちこちを駆け巡ったあげくフィンドホーンにたどり着き、ここで大きな気づきを得た人。フィンドホーンに格別の想いを抱いているということで翻訳してくださったのです。強烈な意志、深い祈りの人。

驚くことがいくつかありました。

心の変化

それは心の変化です。

ぼくの場合、あえていえば商用です。純粋に聖地詣でする人とぼくのような商用を兼ねて参加する人間との間に、やはり違和感があったようです。ぼくは毎晩、1時間ほど歩いて町のパブに通い、ウイスキーの小瓶を離さず、行事の合間をぬってゴルフに興じる（スコットランドはゴルフの聖地。そこら中に著名なコースがある）不良メンバーでした。

身についた「常識」という鎧が脱げず、それゆえ仲間とのシェアリングの席で、「あなたは、いったい何しに来たの？」と十字砲火を浴びることもありました。そういう俗臭ふんぷんの人間がだんだん鎧を脱ぎ、懐疑的な思いを溶解させていったことが自分でも不思議でした。

仲間を俯瞰すると、25人もの人間がグループを組むのですから、なかなかデリケートな具合です。いろいろな波長が混在しています。それがからみ合ってひとつの方向性のようなものを形成していく。おじさんの目からすれば、とんでもないフリークも、非常識な娘も、妙なオカルトもみんなごっちゃです。多数の人がそれぞれの目的で集まると、員数分の波動が飛び交うのです。

それでも、つかの間（2週間）一緒に生活するのですから、だんだん打ち解け、ときには自分の醜悪な面を他人の目にさらさなければならない場面も出てきます。そうして個別の事情を語り、許し合い、つまり仲良くなっていくのです。

考えてみれば、ふだんぼくらは他人を見て、こいつはやめ、こいつはいい……などと選別し、バリアーを張って暮らしています。そうして抽象に抽象を重ね、その認識をもとに、これが世間だとして安穏と生きています。こうした区別がある瞬間、ふと消えました。

わずか25名ですから、3、4日もたてば一人ひとりとの対話が増えます。ある人間をひたと見つめれば、抱えている問題が見えてきます。え、そんな事情があったの……という具合に。のっぴきならない悩み、辛い思い、喜怒哀楽、つまり様々な人間実在があります。抽象化なんてできないナマの形です。

愛知県のある町からきた若い女性は、母親に死なれて数週間後。父親との関係が悪く、どう生きるか、生きている意味があるのかを真剣に模索していました。

ぼくにできるのはせいぜい、一杯飲みにいこうと町のパブに誘うぐらい。黙って彼女の話を聞いていると、硬さが少し柔らかくなるのがわかりました。相手が吐き出すのを黙って聞く。彼女が少し安らぐと、こちらもほどけるのです。こうして日々、スノブおじさんの心もメルトダウンしていきました。頑迷なる自分が日一日と変化するのを、もうひとりの自分が見つめている――そんな新鮮な驚きでした。

この地の静けさ

「鳥のさえずりに耳を傾けよ」

「そして心のなかの声を聴け」

これがフィンドホーンの行動原理でした。

ぼくにとっては、いたく望んでいた状景です。黙って座る。自分の気持ちをインサイドにじっと沈めていく。すると確かに何ほどかのものが生起します。うず巻いていた雑念が消え、ときには瞑想に近いところまで行きます。わずか30分ほどの行ですが、これが心地よかった。禅寺での座禅と同じようなものですが、もちろん悟りはずっと彼方《かなた》。

日本にいて、ふだんの瞑想仲間と一緒に瞑想をしても、ぼくは1時間もするとすぐ飽きて、すっとその場を離れたものです。心地よくすーと入っていくのを感じたことがなく、いつも途中で終わりでした。

ここでは、その限界を少し超えたかなというところまで行ったようです。それを感じたのです。やはり、静けさが前提ですね。物理的なそれではなく、心のなかの静けさ。

かの地の暮らしのスタイルに即していうと、祈りと瞑想、それに労働です。それぞれがスケジュールに組み込まれ、それに従って動いていくと、そのリズムが生まれるようです。固有の静謐さ。たとえていえば、制約の少ない僧院での暮らし、という感じ。労働（love in action）として割り当てられたキッチンでのジャガイモの皮むき（200人分）も、農場での草むしりも、瞑想も、それはそれで楽しかった。

たとえば朝のキッチンでの労働。まずそのへんに生えている草をむしってきてと頼まれます。むしってきた草を大きな湯沸かし器のそばに挿しておく。その葉っぱを1、2枚とって熱湯を注ぐと、すばらしいミントティーができ上がるというわけ。葉っぱは、実はミント。純度100%。これまで飲んだことがないような絶品。

帰国後この質感を求めてあちこち探したのですが、東京ではまず手に入りません。肥料臭さ、その土地の匂いやら余分なものが入り込んでいて、どれにも幻滅。あの純粋なミントティーをまた飲みたいと悶えていました。

かの地の静けさ、静謐さとは、笑いや明るさではなく、いったんそれを心の支点にしてしまうと余分な言動が不要になる、といった塩梅です。16年間この農場で働いているという同年配のドイツ人女性は、「わたしには、祈りと労働のこの暮らしが一番合っているの。子どもたちはドイツにいるけど、ここの暮らしが一番……」と胸を張っていました。

常住している人たちのなんと物静かなこと。行きかう、名も知らない人はむろんパトリシアもジョンも、クリスティーナも、アイスランドから来たという小柄な娘さんも、静かで、ゆったりとしています。ああ、こういう暮らしがあったんだと思わされ、何となくホッとします。

答えを出すには尚早ですが、こういうスピリチュアリズムを、当時のぼくは単に心地いいものととらえていたようです。でも一方で、それは違うぞとささやいてくるものを受け取ったと感じました。このspiritualityこそ、最も光り輝くもの、最も爆発的なもの、最も強靭なもの——これこそが、難病を治し、凡人に超人的な力を与え、人を変化させ、歴史をひっくり返し、不可能を可能にしたパワーではないか。これこそが神聖な力ではないか。ここをクリアしないと前に進めないのではないか——と感じたのです。これは課題として、ずっと残りました。

14・小林正観さんの一言

出版社を辞めるちょっと前。おもしろい人がいる、ぜひ会ってこいと耳うちされて、伊東の山荘を訪れました。旅行評論家、小林正観さん。強烈！　一言一言がビンビン響いてきます。ただものではない。

それまでの作品をあらまし読み、講演会について歩き、ぼくにも一冊書いてほしいと依頼したのです。こういう構成で、ああいう狙いでと熱っぽくしゃべっていると、「山平さん、あなたが書いてください。そこまで私を知っているなら、全てオーケーです。だから、あなたが書いてください。他人が書いた小林正観論を、私もぜひ読みたい」と切り返されました。

……ぼくは編集者だから、書くのが商売ではない。いや、あなたなら書ける……そんなやりとりを経てできたのが『宇宙方程式の研究――小林正観の不思議な世界』（小林正観VS.インタビュアー山平松生　風雲舎　2001年）です。それまでに読んだ正観さんの本から感じた疑問や、（ぼくにとって）意味不明の箇所や新しい問題を、ぼくなりに突っ込んで聞き書きしたのです。

小林正観という異才に最初に注目したのは、浜松市の弘園社でした。風雲舎は二番目。ぼくがちょうど還暦、小林正観さんは一回り下の50歳ぐらい。正観さん人気が高まり、この本が入門書のような位置に当たったらしく、よく売れました。ロングセラーとなりました。

正観さんに教わったことはいろいろありますが、その大きなひとつは、「自分の力なんてちっぽけですよ」です。

「山平さん、あなたがやり手の編集者ということはわかります。でもそんな力なんて捨てたらどうですか。そんなものはちっぽけな力です。もっと大きな力に自分を預けたらどうでしょうか。楽になりますよ」

そうです、あのころのぼくは、何でも自分で決めたがる人間でした。他人の意見では気がすまず、いつも自分は自分はと己を主張する、片意地の張った偏頗《へんぱ》な人間でした。

「もっと大きな力に自分を預けなさい……」あれ以来、ささやかながら、そちらの方向を意識するようになったつもりですが、いやいや、そうは簡単にはいきません。相変わらず変わっていないような気がします。まだまだです。


もうひとつ、トイレ掃除です。

「これはいいねと思って頷くばかりでは50点です。自分でやってみて、ようやく100点になります」という正観さんの一言に、なるほどそうだ、やってみようと決めたのです。

当時わが家から駅までは女房の車で送ってもらっていたのですが、その途中、近所の高校に通う教師（事務の方かも）らしい女性の姿がよく目に入りました。路上にあるゴミをさっと拾い、当たり前のように自分のバッグに放り込む。それを日々くり返している。偉い人がいるんだなあ……とその場面をよく目にすることがあり、ぼくもトイレ掃除をすることにしたのです。

自宅のそれは案外平気でできます。問題は外のトイレ。

ぼくが向かったのは、近所の公園の公衆トイレ。それに町はずれにあったそれ。すさまじい！　人間さまの排出物の実態――その形態、その臭気に驚嘆！　チリ紙やペットボトル、包装紙やビニール袋も散乱しています。でもやると決めた以上、ここは直視するしかありません。

いざと排出物に向かうのですが、かなりの勇気が要ります。両腕のシャツをまくり上げ、軍手と持参した棒きれで溜まりにたまった排出物を崩し、流し込み、便器がピカピカになるまで洗うのです。正観さんは軍手も箒《ほうき》もなし。素手だったとか。ぼくにはできませんでした。必ず軍手かゴム手袋。まず便壺を片付け、周辺をきれいにします。

おや、なんとなく気分がすっきりします。正観さんは、「何かに悩んでいる人、うつ病の人がこれをやるといいですよ」とおっしゃっていましたが、なるほどスッキリ。気分も爽快。目の前の汚れや乱れが、自分の手によって消える――これは快感！　ハードルのひとつを越えたような気分です。

観自在力

後日の出来事には、本当に腰を抜かしました。伊東の山荘で3日3晩の取材中のことです。

いつものようにこちらがべらべらしゃべっていると、正観さんはそれまでの対話をピタリとやめ、ぼくの顔を凝視して、唐突にこういうのです。

「山平さん、ここに200万円あります。これを使ってください」

話を打ち切って、はっきりと。

え？　え？　え？

取材中です。会社の苦境や個人的な窮状なぞ、ぼくはこれっぽっちも口にしていません。でも正観さんはぼくの胸中を見ぬいたのです。さらに驚いたのは、その金額。事実そのころ、ぼくは金策に走り回っていました。必要だったのは200万円。20万でも2千万円でもなく、200万円。正観さんはズバリその金額を口にして、これを使いなさいというのです。

……しかし、しかし、どうしてそんなことが、わかるのでしょうか。

あのとき正観さんは、ぼくの目ではなく、ぼくの右脳の45度右上のあたりをじっと見ていたような気がします。ぼくの守護霊がいるといわれるあたり。井深さんの目線もそうでした。人間の本音、本質が現われるところ。こういう目線をもつ人にはおっかない人が多い、というのが、体験上得たぼくの結論です。

透視力などという生やさしいものではありません。

こちらの秘中の秘がどうしてわかるのでしょうか。隠しごとも、人にいえない悩みもわかるのでしょうか。これが、お釈迦様がときおり見せたという「観自在力」でしょうか。お釈迦様は、その人の悩み苦しみが一目でわかったそうですね。

以来、ぼくは正観さんを〝透き通った目を持つすごい人〟とリスペクトするようになりました。敬愛《リスペクト》というより、本当のところ怖かった、畏怖したのです。

1年ほどして返却に行くと、へえ、返してくれるのですか、うれしいな……と笑うのです。こんなことが100件あったとしたら返ってくるのは、ひとつかふたつ。だから、うれしいのですと。

ある逸話を思い出しました。

今東光と川端康成という当時売り出し中の若い文学者が、「生意気な坊さんがいるから一丁やっつけてやろう」と、大本教の出口王仁三郎をとっちめに出かけていったときのこと

です。王仁三郎は初対面のふたりの若者に向かって、

「おい、そっちのでかいの、お前さんの父母はこういう生まれで、こういう暮らしで、いまこうして暮らしている」といきなりドついたそうです。でかいほう（今東光）には、すべて思い当たる内容でした。

一方、小さなほう（川端康成）には、「いまお前さんの懐にはいくらいくらのゼニがある」と小銭の果てまでいい当てました。若い文士たちは王仁三郎叩きどころではなく、抗弁する余地もなく這々《ほうほう》の体《てい》で逃げ帰ったそうです（『大地の母』出口和明　みいづ舎）。

これもある種の観自在力でしょうか。10年ほど前にそれを読んでいたこともあって、あらためて正観さんのパワーを目の当たりにして、そのすごさを認識したのです。

アセンションですか？

正観さんの晩年は糖尿病、透析の日々で、つらそうでした。

ぼくの目には、病を得た正観さんがどんどん変化していく様子が感じられました。テープで講演記録を聞いていると、お話の内容に「おや、正観さん、変わったな」と感じさせるものがあったのです。久しぶりにお訪ねすると、正観さんは、「……病を得て、少々見えてきたものがあります」と前置きしながら、

「透析する以前は、透析なんてするくらいなら死んじゃったほうがいいと思っていました。悟っているようですが、そうじゃないんですね」

「本当に悟っていれば、それでも平然と生きていく。そっちのほうが本物だと気がついたのです。正岡子規という人は、そういうものを乗り超えて、平然と生きました。それが本物なんですね」とつなぐのです。

認識の変化？　なんていうレベルではありません。これまでより、もっともっと高いところへ上昇している……そういう感じです。

ご自分のアセンションですかね……と問うと、ははは と笑いました。

「正観さん、そういう変化のことを入れて3冊目を頂戴できませんか」とお願いすると、

「いいでしょう、これまでとは違った硬派な本になるかもしれませんね。おもしろそうですね。やりましょう」と、また笑うのです。

4月から9月と追っかけ、『淡々と生きる』という本ができました（2012年）。講演録に、新たに語り下ろしを加えたのです。正観さんが最後にたどり着いた、淡々と、澄み切った心境——それを書いてもらったのです。

しかし、病はきつかったようです。

「死んでも生きても、本当はどっちでもいいのです」といいながら、余分なものをそぎ落

とし、どんどん透き通っていくようでした。自分の残り時間をちゃんと知っているかのように。

正観さんは講演に行く先々で4時間ほどかけて透析処置をうけ、その身体で次の町へ移動していました。さぞ気鬱なことだったでしょう。食うことにも、旅することにもさして意欲を見せなくなった正観さんは、心優しい人、気持ちの通じ合った人たちと言葉を交わすときが幸せそうでした。「見てください、こんな優しい人がいるんですよ」とその方々を紹介するときが、とても嬉しそうでした。

また会いましょう

そうして突然の訃報です。人の死とは、肉体という衣を脱ぎ捨て、魂があの世に帰ることだから、悲しみではなく喜びなんだ……という表現があります。そうかもしれません。でも実際は、やはり悲しいものですね。

しんみりしていると、長いこと正観さんの教えを受け止めていた沖縄のある友人が、「正観さんがよくいっていましたね。またすぐ会えるからって。だから山平さん、元気を出して、笑って……」と力づけてくれるのです。

お釈迦様の言葉に「対面同席五百生《たいめんどうせきごひゃくしょう》」というのがあると、正観さんが教えてくださいました。こうやって同じ席で話し合っているのには、最低でも500回人生を一緒に過ごしているそうです。これだけたくさんの人がいるなかで、人と人が出会うというのはよほど縁の糸が絡んでいるということでしょう、と。

こうして幽明境《ゆうめいさかい》を異《こと》にすることになりましたが、正観さん、しばしの別れです。またすぐに会えますね。これまでのご厚誼に感謝いたします。ありがとうございます（合掌）。

15・「平井吉夫くん、あのころきみはイヤな奴だった」（弔辞）

『槍錆』という、きみの小エッセイを読んだのは2年ほど前だった。

『槍錆』に込めた意は、ともに戦ってきた槍の錆を眺めながら、己の来し方を回顧する……ぐらいだろう。その一文に、かつての代々木《よよぎ》という仇敵（民民派も構改派も）に再会し、きみは「懐かしき旧友として抱擁した」とあった。あの不倶戴天の敵を、きみは許した！　へえ、あの平井吉夫がそうだったのかとぼくは驚いた。

六〇年安保・早稲田のころ、きみはイヤな奴だった。

頭が切れ、弁が立ち、行動力があり、女にもて、つまりぼくにないもの全部をもっていた。きみは他人を評するに辛辣で、めったに許すことをせず、相手の痛いところを的確に突いた。

古希を迎えたころ、きみはがんになった。
あれっと思ったのはそのころからだ。
人格が一変した。
人を評さなくなった。とりわけ悪口雑言を口にしなくなった。
ある人物が話題に上ると、きみはぐっと何かをこらえるように、
「……あいつにも、こういういいところがあるんだ」と口にした。
そして時折り、「ぼくは本当は、いやな、下劣な人間なんだ」とつぶやいた。

人を評しない。
悪口を言わない。
ただ、じっと見ている。
ぼくはその変身に驚いた。
へえ、あの平井が。

きみを変えたのは何だろうと。

おれにもそんなことができるのだろうか。

おれは相変わらずへらへら他人を評し、軽々に悪口をいい、チャラチャラ的を射ない揶揄をしてうす笑いを浮かべている。この癖がなかなか治らない。小人たるゆえんだ。


きみの槍の穂先はあちこち多岐にわたっていたようだが、ぼくは文筆以外のことはよく知らない。でもきみが書いた『任俠史伝』（河出書房新社　１９９９年）の「あとがき」には、きみの想いがよく溢れていた。


「還暦まぎわになって出版不況のあおりをくらい、本職の翻訳業がすっかり暇になってしまった。漢文は子供のころから好きだった。大学もそういうことを教えてくれる学科に入った。

ところが時は六〇年安保闘争前夜。漢文よりもずっとおもしろいことが目の前にあり、講義なんぞはそっちのけ、日夜喧嘩に明け暮れた。そのころ私たちはブントという戦闘集団に結集した。旗じるしは、堕落しきった共産主義のルネサンス、労働者階級の真の前衛だが、実体は血気盛んな書生の集まりだった。

四方八方敵にまわした大喧嘩に負けたあと、けだるい日がつづいた。いまは笑って思い出せるが、あのころ私はしごく不機嫌だった。その不機嫌時代に、先学の諸研究をつまみ食いしながら論文を書いた。それがこのエッセイの下敷きになっている。さきごろ死んだ父の家を処分したときに押入れから出てきたものだ。

四十年近くたって読み返すと、ごりごりのマルクスボーイがなぜこんな場ちがいなものを書いたのか、見透かすようによくわかる。あのころ私は、それと意識することはなかったにせよ（意識するはずがない）、古代中国の任侠説話にブントをオーバーラップさせ、負けた喧嘩の始末をつけようとしたらしい。あえて気恥ずかしい言葉を使うなら、これはわたしの青春の総括のこころみだったのだ。

そう思うと、若いころの気負いが妙にいとおしくなり、あつかましくも人に読んでもらいたくなった。これも老化現象だろう。もとのままでは読むにたえないので（文章の拙さはもとより、なんの注釈もなく、引用の漢文はすべて白文）、その後の歳月に会得した知恵や手管であれこれ手を加え、語り口も年相応に書きなおした。そのぶん書生っぽい思い入れは希薄になったが、いわばこのエッセイは、私の「結客少年場行」（少年の時、任侠の客と結び、遊楽の場を為し、年老いて何の功もおさめていないのに感じたことを歌った曲。諸橋『大漢和』より）である。

いまもブントとして世を見すえ、ときおり「指令」を送ってくる気骨の老友がいる。最近の「指令」に「ブントとは一％のオリジナリティと九九％の狂気の集団なり」という文句があった。このエッセイの勘どころを読みとってくれたような気がして嬉しくなった」

ぼくが何度も愛読したのは、きみの翻訳した『石と笛』（ハンス・ベンマン著　河出書房新社　１９９３年）だった。きみの名訳には心が震えた。

「そのときアルニがいわんとしたのは、人が生きてゆくには、まだこのほかにも、けっしてこれより悪くない道があるはずだ、ひょっとしたら、いまだわれらの知らぬ、もっとよい生き方もあるのではないか、ということだろう。アルニはそれを、一生のあいだ、求めつづけたのです」

ここに出てくるアルニは（たぶん）翻訳者自身のことだ。

その延長上に『槍錆』があった。

憎いあいつを許す。
仇敵を許す。
裏切ったやつを許す。
絶対に許せないやつも許す……

「許す」ことは、人間最後に与えられた最上の行為だと覚者がいう。スピリチュアルの世界でも最後の関門は「許すこと」だという。キリスト教のアガペー(愛)みたいに。だからぼくは、『槍錆』をもうちょっと敷衍《ふえん》して一冊の本にしないかと声をかけたことがあった。でももう時間がなかったな。

そういえばご子息が病んでいたころ、きみはわが社にやってきても、5分か10分もすると「じゃ、これで」とすぐ席を立った。「あいつのそばにいてやりたくてね」と。

六〇年安保の優れたアジテーター、登山家、合気道家、シンガーソングライター、日本山岳会理事、翻訳家、福島原発事故の直後、70歳過ぎの老人たちが立ち上げた「原発行動隊」の理事など、八面六臂《はちめんろっぴ》の活動があった。

自由自在に、大きな円を描くようにきみは逝った。

右から、島成郎、古賀康正、平井吉夫の各氏。左が著者（91・6・30）。
偉いさんの前で、ぼくは緊張している。

最後の枕頭《ちんとう》にあったのは『資治通《しじつ》鑑《がん》』全１００巻だったという。「義俠心」という言葉を愛した平井吉夫という任俠の徒は、どんなユートピアを夢見ていたのだろう。

うん、これから寂しくなる。
でも、まあいいか。
おっつけ、ぼくも行く。
また一杯やろう。
ありがとう。合掌。
（２０１９・５・30）

16・古賀康正さんに弟子入り

六〇年安保の渦中ではよく存じ上げなかったが、うん十年後、唐牛健太郎《かろうじ》（六〇年安保全学連委員長　1937〜1984年）の追悼本づくりの会合に出席すると、おや懐かしや、古賀さんのお顔がありました。あの当時なら気易く口を利くことなどかなわない偉い人。ブント（共産主義者同盟）創立メンバーのひとり。島成郎（1931〜2000年）さんの盟友。

ＪＩＣＡ（国際協力機構）勤務が長く、アジア、アフリカなどの貧しい国々を回り、どうしたらより多く収穫を上げられるか、稲、もみ殻などをどう効果的に収穫するか、水を手に入れるにはどうするか、お金ではなく生きる知恵を学ぶこと――と貧しい農民のために世界中を歩いた農学博士。ＪＩＣＡのあと岩手大学農学部教授。

そういえば早大ブントのボス（後の「グループ現代」代表）小泉修吉氏のコメントに、「世界の貧農地帯を回ると、行くところ至るところ、ドクター古賀の名を記さざるはなし」とあった。ほう、古賀さんはそうして生きてきたんだなと知ったのです。

古賀さんの遍歴、読書量、人間の厚み――に感動して、ぼくは『遊びをせんとや生まれけむ』（徳間書店・1989年）を著してもらいました。ぼくが手がけた本のなかでは秀作中の秀作。

こちらの本音は、古賀さんが、いつ、どのとき、どういういきさつで運動に終止符を打ったのか、何があったのか、その後どう生きたのか――を語らせたいと思ったのですが、でき上がったのは、「飛行少年に始まり、風を眺め、地上を走り、草木を愛し、機械をいじくりまわし、本当は鳥になりたいと思っている。しかし人間のしがらみを断ち切れないので少し困っている人」、つまり、「ネクタイを棄てる生き方の研究」という一冊でした。以来、少し親しくなり、悠揚迫らぬその人柄に接するうちに文武百芸の師として、古賀さんに師事することになります。

会社を辞め独立するにあたって社名をどうするか悩んでいると、古賀さんから、宮沢賢治の文言をお借りしたらとの示唆がありました。

序論……われらはいっしょにこれから何を論ずるか……

おれたちはみな農民である　ずゐぶん忙がしく仕事もつらい
もっと明るく生き生きと生活をする道を見付けたい
われらの古い師父たちの中にはさういふ人も応々あった

近代科学の実証と求道者たちの実験とわれらの直観の一致に於て論じたい
世界がぜんたい幸福にならないうちは個人の幸福はあり得ない
自我の意識は個人から集団社会宇宙と次第に進化する
この方向は古い聖者の踏みまた教へた道ではないか
新たな時代は世界が一の意識になり生物となる方向にある
正しく強く生きるとは銀河系を自らの中に意識してこれに応じて行くことである
われらは世界のまことの幸福を索ねよう　求道すでに道である

農民芸術の製作……いかに着手しいかに進んで行ったらいいか……

世界に対する大なる希願をまづ起せ
強く正しく生活せよ　苦難を避けず直進せよ
感受の後に模倣理想化冷く鋭き解析と熱あり力ある綜合と
諸作無意識中に潜入するほど美的の深と創造力はかはる
機により興会し胚胎すれば製作心象中にあり
練意了って表現し　定案成れば完成せらる

無意識即から溢れるものでなければ多く無力か詐偽である
髪を長くしコーヒーを呑み空虚に待てる顔つきを見よ
なべての悩みをたきぎと燃やし　なべての心を心とせよ
風とゆききし　雲からエネルギーをとれ

（『農民芸術概論綱要』）

古賀さんは、「風と雲――風雲舎はどうだ、つぶれたらラーメン屋にもなるじゃないか」として、「風雲舎」と名付けてくださったのです。古賀さんは宮沢賢治の大ファン。賢治ののどの言葉がどこにあるか、原典がすぐ出てきます。賢治の世界に、自然に、ストンと溶け込める人。

文武百芸について教えを頂戴しましたが、最初のレッスンはカヌー。古賀山荘のある山中湖が特訓場。カヌーは最高だった。帆いっぱいに風を受け、斜めによぎって進むあの快感。ぼくはすぐ自前のそれを購入し、自宅近くの荒川で密かに猛訓練。以来、水たまりがあると、車の屋根に積んだカヌーを降ろして帆走したものです。

もうひとつは、口の利き方、電話の受け答え、挨拶の仕方。

古賀さんの話し方は、静か、やさしい、ゆとりがある。

ぼくのは、論をぶつように、理屈をこねるように、しつこく語る――この違い。いつかはぼくもあんな応答をしてみたいと思っても、これがなかなかできない。しばし古賀流を真似たぼくの豹変に、かみさんが「三日坊主が……」と笑いました。

古賀さんは安保の後、ぷつっと、あれこれいわなくなった。いいも悪いも、正しいも間違いも、いわない。黙って、フーンと聞いている。きれいだね、いいね――はいう。あれこれ論評しない。人を攻撃しない、偉ぶらない、優しい――。

〃いい加減であること〃をとても大事にする人、何でも知っているが、理に走るのを嫌う。ぼくなんて大したことないよ、つまらん男だよ、主義主張なんておさらばしたよという含羞の人。悪口をいわない。軽々しく論評しない。

すごい人に共通するものは、これだな。大事なことを教わりました。

17・島成郎さん

共産主義者同盟（ブント）書記長。精神科医。

大学1年生。ブントシンパの集会で聞いた島さんの名演説。ぼくはうっとりし、高揚し、戦う意志を募らせ、明日のデモは死んでもいいと思って聞いていた。

それを隣で見ていた草刈という友人に、「お前は単純なやつだな」と揶揄されたことがある。島さんの語りはそれほど感動的だった。遠くから一条の光を放ち、田舎出の青年に進む道を示唆してくれたのです。

島さんについてはあれこれたくさんの印象がありますが、ぼくの妄言などより、吉本隆明氏の追悼文が大事なことを語っていると思います。

「将たる器」の人・ブントの人達の心意気に、わたしも心のなかで呼応しようと思った——吉本隆明

初めて島成郎さんにあったのは全学連主流派が主導した60年安保闘争の初期だった。島さんたち「ブント」の幹部数人がいたと思うが、竹内好さん、鶴見俊輔さんはじめ、私たち文化人（!?）を招いて、島さんから自分たちの闘争に理解を持って見守って頂きたい旨の要請が語られた。竹内さんなどから二、三の質問があって、島さんが語られたと記憶する。

確か本郷東大の向かいの喫茶店だった。私が鮮やかに覚えているのは、そんなことではない。その時、島さんは戦いは自分たちが主体で、あくまでやるから、文化人の方々は好意的に見守っていてくだされぱいい旨の発言をしたと記憶する。わたしは、この人は「将

（指導者）たる器」があるなと思った。

戦いはいつも、うまく運べば、何も寄与しないが同伴していた文化人の手柄のように宣伝され、敗ければ、学生さんの乱暴な振る舞いのせいにされる。この社会の常識はそんな風にできている。わたしは島さんが、そんな常識に釘を刺しておきたかったのだと思い、同感を禁じ得なかった。

わたしは学生さんのそばにくっついているだけだったが、心のなかでは「学生さんの前に出まい、でも学生さんのやることは何でもやろう」という原則を抱いて60年安保闘争に臨んだ。それでもこのわたしの原則は効力がなかったかも知れないが、わたしの方から破ったことはなかった。島さんをはじめ「ブント」の人たちの心意気に、わたしも心のなかで呼応しようと思ったのだ。文字通り現場にくっついていただけで、闘争に何の寄与もしなかった。

島さんの主導する全学連主流派の人たちは、孤立と孤独のうちに、世界に先駆けて独立左翼（ソ連派でも中共派でもない）の闘争を押し進めた。それが60年安保闘争の全学連主流派の戦いの世界史的意味だと、わたしは思っている。闘争は敗北と言ってよく、ブントをはじめ主流となった諸派は解体の危機を体験した。しかし、独立左派の戦いが成り立ちうることを世界に先駆けて明示した。この意義の深さは、無化されることはない。

安保闘争の敗北の後、わたしは島さんを深く知るようになった。彼の「将たる器」を深く感ずるようになったからだ。わたしが旧「ブント」のメンバーの誰彼を非難したり、悪たれを言ったりすると、島さんはいつも、それは誤解ですと言って、その特質と人柄を解いて聞かせた。わたしは「将たる器」とはこういうものかと感嘆した。わたしなど、言わんでもいい悪口を商売にしているようなもので、島さんの一貫した仲間擁護の言説を知るほどに、たくさんのことを学んだような気がする。

わたしの子供達は豪放磊落な島成郎さんを「悪い島さん」と愛称して、よく遊んでもらったり、お風呂に入れてもらったりしていた。わたしとは別の意味で、幼い日を思い出すごとに、島さんの人なつっこい人柄を思い出すに違いない。

知っている範囲で、谷川雁さんと武井昭夫さんとともに島成郎さんは「将たる器」を持った優れたオルガナイザーだと思ってきた。臨床精神科医としての島さんの活動については、わたしは語る資格がない。だが、この人を失ってしまった悲しみは骨身にこたえる。きっとたくさんの人がそう思っているに違いない。

（『追悼私記』完全版　吉本隆明著　講談社文芸文庫　２０１９年）

右の文庫には、吉本隆明氏の長女、ハルノ宵子さんの「著者に代わって読者へ」という一文があります。

乱暴で贅沢な時代――ハルノ宵子

懐かしい顔ぶれが並んでいる。

島成郎さんは、私の幼い頃の、〝お嫁さんになりたい人〟№1だった。とにかくエロかっこいい！　カリスマ性を持つ、男が惚れる男だ。

父の読者の中には、頭が熱くなりすぎて、興奮してうちに押しかけ、錯乱したり、父にからんで居座ったりする人がよくいた。そんな時父は、精神科医の島さんに応援を求めた。島さんは夜中でも駆けつけ、読者をなだめ、鎮静剤をプスッと注射して寝かせると、「強い酒一杯ください」と、ウイスキーをあおり、その人の隣で寝てしまうという破天荒な人だった。今なら間違いなく問題となるだろうが、乱暴な時代だった。

18・幣立神宮の怪

迫登茂子さん

シャーマン（神や天と呼ばれる超越的存在と交信する特殊能力を持つ人）。

１９３１（昭和６）年大阪生まれ。宮崎県都城市にて育ち、宮崎女子師範卒業。都城市立南小学校、東京都武蔵野市立第三小学校にて教諭。銀行員と結婚。ふたりの息子を育てながら地域の民生委員をしたり、私塾を開いて子どもたちの面倒を見たり、ごく当たり前の暮らしをしていた。ところが56歳7カ月目のある日、突如お神さまが憑いた。「５、６、７だからよく覚えている」と迫さん。

「祝詞をいただいているとき、じっと目を閉じ、手を合わせていた。祝詞の意味はわからないが、響きがなんともいえない安らかさだ。ゆったりと体がほどけ、結滞《けったい》ぎみだった血のめぐりも好転し始めた。すると心配していたとおり、手が動き出した。ひとりで祈っているときと違って、祝詞がぐいぐい引っ張っていく。みっともないからやめようとすると、〈やめないで、そのままそのまま〉と行者がおっしゃる。後はお任せするしかない。

祈り続けてどれだけ経ってからだったろうか、突然、私の体の余分なものがスポッと頭から抜けた。抜けて、体内にポッカリと穴が空《あ》いたような感じになった。

その瞬間、上から光が、体の中に一杯いっぱい入ってきた！

その瞬間から、ただもう嬉しくて嬉しくて、あれだけ苦しんだものが消えていくのがわかった。

その光のきれいだったこと！

手を合わせて上下に揺れていた体が、だんだん前に傾いていく。

〈ありがとうございます。ありがとうございます。ありがとうございます〉

いったいどれだけ頭が下がったことか。下がった頭と畳の間で動く手をカタカタやりながら、

〈ありがとうございます。ありがとうございます〉

とくり返した。

しばらくして行者の方は私の背中を叩き、

〈さあ、もういいですよ〉

と言ってくださった。そして我に返った。

それが１９８７年2月11日のことだった。


それから2日間、ずっと高熱が続いた。

３日目の朝、起きて布団から頭を上げた瞬間、

「あ、私は生まれかわった……！」

とわかった。

迫登茂子さん。もう嬉しくて、楽しくて……

それ以降、病気をしていない。
何があっても嬉しい。
今日も嬉しい。
明日も嬉しい。
もう嬉しくて嬉しくて、たまらなくなった。そういう生き方が始まった。
なぜかはわからない。上から光をくださったのがどなたかもわからない」
（『みんないい人ね』迫登茂子著　風雲舎　２００７年）

それから迫さんの周りに小さな集まりができました。「十一日会」。
最初は数人か十数人程度の集まりだった。人伝《ひとづて》にだんだん知られるようになり、「神さまの声が降りて、それを伝える不思議な人」のうわさが広まり、ぼくの耳にも入ってきた。そうしてお許しを得て、出入りするようになったのです。

そのころぼくが悩んでいたのは、会社を辞めるかどうかでした。うじうじするばかりで、結論が出ない。思い切ってご相談に上がりました。

これこれで……と事情を語ると、「ふーん、57歳になって会社を辞めるというのね、おもしろいわね……」と雑談になりました。ちょっと間が空いた後で突然、彼女の口から、「やめとけ、ポキンと折れる」というお言葉が飛び出したのです。

彼女の声ではなく、別人のそれ。あ、これか……とわかりました。彼女に憑いている神さまからのご託宣。それに違いありません。一瞬、彼女のお顔は厳しい表情だったようです。迫さんはそう告げると、あとは、がらり場面が変わったように普通のおばさんにもどってニコニコしています。

「やめとけ、ポキンと折れる」か……さて困った。


あれこれもがいて、「風雲舎」を興したのは、その1年後。

迫さんは、庇護者、厄除けの神さま、大きな傘となりました。むろんぼく専用ではない。ご縁のある人、見知らぬ人にも差しかけられる大きな傘。住んでいる土地、東京や関東地方を覆うようなでっかい傘。

災いがかからないように、みんなをやんわり見ていて、ときおりビシッと必要な言葉を告げる。言葉だけではなく、スラスラ文字にすることも多く、常人には判読不能のその文字を丁寧に説明してくださるのです。

ごたごた説教はなし。ふんわり、やんわり。みんなを、生きとし生けるものを包んでいるようです。その気、気配、ほほえみ。迫さんのいる場の安らぎ、安心感。おふくろのそばにいるような懐かしさ。3時間もいると、鎧が脱げ、すっぴんに戻って、ゆったりします。その空気に魅せられて、「十一日会」によく通いました。

仏画師

あるとき、東霧島神社に行こうということになりました。迫さんの本宮（というのかな）。ことあるごとに彼女はここに出かけていたようです。このときも本宮参拝が主。霧島神社から東霧島神社に回るコース。ついでに幣立《へいたて》神宮に寄ってみようとなりました。一行は、迫さんを真ん中にお付きの女性が3人、それに仏画師武田仁さんとぼく。

幣立神宮に到着した瞬間から、迫さんの様子がおかしくなった。

神さまが降りると、彼女の手足や全身にブルブル震えがくるのです。このときもそうでした。全身に震えが来て、心はここにあらず、もっぱら神さまに向かっているようです。そうなるとコップひとつもてません。一挙手一投足がおかしくなった。足元がよろよろ危なくなり、しきりにぶつぶつ何かをつぶやいている。神さまが降りてきた証拠。これはやばい、という気がしました。

夕食を終え、男女別々の部屋で寝ることになった。神社の一隅の仮の宿。あたりは森閑とした森。テレビはない、娯楽もなし。寝るだけ。長旅の疲れもあって8時ごろには熟睡していました。

10時か11時すぎだったでしょうか、異様な音で目が覚めました。

ぼくの隣で寝ている武田さんの様子がおかしい。敷き布団の上に四つん這いになり、尻を高く上げ、頭をピッタリ布団にくっつけ、まるで這いつくばるような姿勢です。これ以上小さくなれないというような恰好で、しきりに誰かに詫びています。くり返しお詫びをいいつのり、消え入りたいというばかりに「すみません、すみません」と何度もくり返していています。時折り嗚咽も混じり、本気で、心の底から詫びている！

相手の姿は見えない。

すぐ目の前の武田さんの独演。

ぼくは寝ぼけ眼でその芝居を見ていました。

武田さんはぼくより2つか3つ歳上。

仏画師と名乗っているものの、どう見てもそれらしくは見えません。敬虔、清澄、ほとけ——といった雰囲気はあまり感じられません、すごみのある風貌。低音のしゃがれ声。一瞥で人を委縮させてしまうような目。居丈高な、横柄な口の利きよう。心底からの悪人とは見えませんが、えらそうな振る舞い、傲慢なもの言いが先立つのです。

ぼく風にたとえていえば、好き放題を重ね、やりたいことすべてをこなし、その果てに仏画を描くことになった荒法師——という印象です。目前の芝居は、人間、どんなに繕っても、ひょっとしたことで本性が現われるお手本……のような感じです。

どうしたのだろう？　何があったのだろう？　ふと思ったのは……これを演出しているのは誰だろう？　という疑問です。「あの件はどうだ？」「この件はどうだ？」とばかり矢継ぎ早に武田さんの前非を責め立てているみたい。閻魔様の前にしょっ引かれた悪人がその所業を問われ、責めに責められて、這いつくばっている構図。

頭がはっきりしてくると、その構図がさらに明白になりました。

明らかに誰かが仏画師を責めています。誰かは、タヌキでもキツネでもない。そんじょそこらの人でもない。もっと大きな存在。

ようやく気がついたのは、神社に入ったあとの迫さんの振る舞いといい、武田さんのこの独演といい、演出家は幣立神宮の神さまに違いない（検索すると、主祭神は神漏岐命《かむろぎのみこと》、神漏美命《かむろみのみこと》で、天照大御神や阿蘇十二神をはじめとした複数の神々が祀られています——とあります）。神さまが降りてきて、そこにいた武田さんに向かって贖罪を求めているようでした。すさまじい追及、ひれ伏す仏画師。

次の瞬間ゾッとしました。

この責めは、武田さんでなくてもいいのではないか？

おれでもよかったのでは？

おれだってろくなことをしていない。

叩けば埃《ほこり》の出る身体。

もし、おれだったら？

おれでもよかった？

翌朝、目撃したことを仏画師に告げました。仏画師は、「他人にいうなよ」とすごい目で睨んだ。幣立神宮は怖いところ。所業を、前非を責めてくる。神さまが降りてくる！

19・「神さまが怒っています」と並木良和さん

不整脈が続き、心臓にドーンとくることがある。

糖尿病の数値が異常に高くなった。そのせいか、視力の衰えがひどい。このままでは目が見えなくなる。うーん、そろそろ終わりかな……とビビッていた。何が困るといっても目。これがいちばんつらい。目が見えない編集者なんてあまり聞かない。

悪いときには悪いことが続く。

腰が痛くなった。右の臀部から右の大腿部、脛《すね》にかけての激痛、それにしびれ。ひどいときは道端に立ち止まって、痛みが去るのをじっと待つしかない。

知り合いの整形外科医に助けを求めると、「これは坐骨神経痛という。打つ手はない」とにべもない。病因の解説はいい。患者が求めるのは、100の理屈より1の希望。（このヤブめ）と心中毒づいていた。ズーンとくるあの痛みは、生きていくのがしんどくなる。

あちこちの治療者を駆け巡ったが有効打がない。

……でもどうもおかしい、イメージのなかでやたらとヘビが出てくるし、何かが憑いているんじゃないか、悪霊でも憑いているんじゃないかと気がついた。こういう場合は、優れた霊能者に聞くのがいちばん。

並木良和さんに電話をすると驚くような回答がきました。

並木さんいわく、

「山平さん、神さまがあなたを怒っていますよ。原因はおしっこ。ここ半年ぐらい、どこかでおしっこした記憶がない、心当たりがない？」

おしっこ？

ぼくは言下に答えた。

「そんなの数え切れないほどある。庭に出ればする、畑のそばでする、路地でする。自然の中の広い野原でするのは気持ちがいい。加島祥造さんという詩人の家で碁を打ったり雑談をしていると、先生は、おい、行こうとおっしゃって、広い庭で一緒に立ちションをするのが快感だった」

ぼくの返事にかまわず、並木さんは言葉をつないだ。

「いいですか山平さん、近所の氏神さんに、最低でも8日から1カ月間通ってお詫びしなさい。ご無礼しましたとお詫びを唱え、神さま方におとりなしをお願いしますと、丁重に祈りなさい」

もうひとつ追加。

「毎晩、天然岩塩と清酒をふろに入れ、身体を清めなさい」

妙なことをいう霊能者だなと思ったが、黙って聞いた。


3日後、アッと思い当たった。霊能者がいった意味にやっと気がついたのだ。

会社でのことだ。

みんなが帰り、ひとりきりになる。尿意を催すと、すぐそばにある小さな手洗い場で用を足すようになっていた。なに、ジャジャーと洗い流せば済むことだ。本物の手洗いは部屋を出て階段を半分降りたところにある。徒歩で15メートルほど。原稿に向かってうんうんうなっているとそこまで降りるのが面倒だ。半年ほど、それが癖になっていた。

一方、ぼくには行動原理がある。仕事を終え、部屋のカギを閉めて外に出るには、お世話になった20名ぐらいの方々のお名前と、この空間にいる神さま、それに自分の守護霊に向かって「ありがとうございます」を唱える。それが10年来のパターンだった。

え、ということはつまり、ぼくは神さまのいる場所に、おしっこをかけていたのだ！

そうか、それを怒っていたのか！

そうだったのか。原因がわかった！

神さまにおしっこしていた。それが、怒りに触れたのだ。

悪かった、ご無礼だった、わかった、お詫びする。丁重に。

この行を終えたら、きっとぼくの体調は回復するはず。

（並木さんにいわれて1カ月半ほど、毎朝8時に近所の神社に行き、お詫びを申し上げました。なお、毎晩風呂に天然岩塩を入れ、清酒を注ぎ、身体を清めました）。

それにしても、すごいな、霊能者って！

あの電話での並木さんの回答には驚く。彼は、考えてから応答したのではない。間髪を入れず、すらりと答えた。ぼくを遠くから視て、ぼくの頭の上にいる神さま（か天使）に問い、そこから答えを引き出したのに違いない。その対応の素早さ、明快さ。

もっとすごいのは神さま！　そうか、あなたはどこにでもいて、こうやって見て下さっているんだ！（2016・8・6）

そろそろ目を醒まして……

並木さんは、『ほら起きて！　目醒まし時計が鳴ってるよ』（風雲舎　2015年）の著者。

子どものころから霊が視え、過去世が視え、小4年で「霊能者になる」と宣言。著名な霊能者に弟子入りして、10年間研鑽を重ねた。

「自分は一体何者なのだろう？」と自己対話を重ね、守護霊《ガイド》や天使、ハイヤーセルフとつながった。色々なことが視えてきた。物乞い、海賊、料理人、ヒーラーや神官など、30ほどの自分の過去世を記憶している。

「今がどういう時代で、これからどういう方向へ進むのか」も視えてきた。

相手をリーディング（霊視）すると、その人の問題点がはっきり視える。

ライトワーカー（地上に光を広める者）として、世界中のパワースポットを巡りながら、アセンション（統合）の流れに入った今、「あなたはどのように生きますか？　何を選択しますか？　そろそろ目を醒まして、宇宙意識に還りませんか」と説いています。

20・「アセンションは難しいことではありません」（田村珠芳さん）

「アセンションとはなにか。

アセンションとは、少しも難しいことではありません。

自分が魂であるという自覚――それだけです」

（『アセンションはもう始まっています』（田村珠芳著　風雲舎　２００８年）

「自分が魂であるという自覚」――この一文が脳天にズシンと響いてきました。

……ぼくは魂なのか！　本当？　ぼくは魂なの？

田村さんにお尋ねすると、

「魂は永遠です。人間、死んでしまえばおしまい――ではありません。肉体はやがて滅びますが、魂は何度も転生して生まれ替わってきます。姿や形は違っても、魂は不変です。宇宙のサムシンググレート（根源神）から一人ひとりに与えられた魂が、分け御霊《みたま》。その魂が修行を終えてもう卒業――となったら、光の国へ帰る。そんな魂をみんな一人ひとりが持っている。そう、あなたも持っている。それを信じなさい。

自分のなかの魂を信じていれば、宇宙の根源神といつもつながっています。そこにお任せしなさい。何をなすにしろ、そこにお任せすれば、すべてがうまくいく。あっちこっちと他所を探すのではなく、もっと自分を信じ、心のなかにいる神さまにお任せしなさい。それをちゃんと認識したとき、あなたのアセンションは完了します」

21・『内在神への道』という本

同じころ、友人の薦めで読んだ『内在神への道』（伊勢白山道著　ナチュラルスピリット　2008年）という本には、こうありました。

「神への信仰とは、人間の願望を叶えるための手段でした。満たされぬ欲望を叶えるための信仰は、人間の心の外に神を見いだそうとしてきた。自分にないものを求めるので、自分の外に、神を作り出してきたのだ。でも、そんなものは本当の神ではない。命を生み出した本当の神は、生きている人間一人ひとりの心にいる。それが、内在神だ。人間は、自己の心の中に神仏を感じるまで、不安から解放されない」

おふたりに共通するのは、

「自分は魂である」「神は自分の心にいる」という点です。

22・『バーソロミュー』の言葉

「その視点が、ニューエイジと呼ばれた運動の中心概念だよ」と指摘してくれたのが古くからの友人、羽成行央さんでした。お薦めで読んだのが『バーソロミュー』（ヒューイ陽子訳　マホロバアート）。

「自分の幸不幸はただひとつのことにかかっている――つまり、自分が神の一部であると感じられるかどうか、です」

「自分の内にある神に気づきなさい」

「あらゆるものを照らし出すのは、まさにこの〝大いなる自己〟なのです。〝大いなる自己〟は、ただ在るのです。〝大いなる自己〟とともにいると、すべてがうまくいきます。〝大いなる自己〟の外に出ていると、問題が山積みになります。そこでまた〝大いなる自己〟のもとに帰ると、その問題は消え去ります」

そうか、知覚した人たちは「自分の内にある神に気づけ」と、何百年も前から促していたのですね。

彼らの目には、人間たちは自分の目指すものが見つからず、神や仏やどこかよそに救いを求め、あっちにふらふら、こっちにふらふら彷徨していると見えたのでしょう。そういう群れを見て、

「もういいかげんにしたら。他人や、他所に、神を求めるのはやめなさい」

と教えたかったのでしょう。神や魂は、どこか他所にではなく、どこかのすごい人でもなく、ただただ、あなたのなかに在るのだとくり返し教えていたのです。神は、彼岸《あっち》ではなく此岸《こっち》にいるのだ、と。

観念的には分かっていたのですが、実際のところぼくは、あの人、この人と、他人やよそをフラフラ彷徨していたのです。バーソロミューは、それではいけない、ウロウロするな、自分が魂だと自覚しなさい、と意識させてくれたのです。

23・ぼくは魂？

……へえ、そうなんだ、ぼくは魂なんだ。

ぼくの身体、ぼくの顔、ぼくの手足、ぼく固有の脳——ぼくはそういう物質でできてい

る物理的人間だ。同時に、心、感情などを持つ感性人間でもある。人を好きになったり、尊敬したり、嫌いになったり、恋をしたり、こいつ許せないと憎悪したり……。でもそれにとどまらず（いや、それを超えて）、ぼくは魂なんだ。（どんな規定をつけようが）魂なんだ。ふーん？

そのように思い定めてみます。いろいろな想いが湧きます。

おい、おまえは一体どんなやつなんだ？

今生のぼくだけでなく、前世もそのまた前世も、ずっと続けてぼく（わたし）であったおまえは、どんな、誰なんだ？

ぼくの魂とはどんな存在なんだ？

あんたは、何を求め、何を探しているんだ？

それを実感したい。（そうだった、なるほど！）というリアリティーを感じたい。

ここしばらくはそれを考えてみよう。

24・セミ時雨

暑い夏の日、昼寝から目覚めるとかみさんが庭に向かって、うちわを使っている。

カナカナがすごいのよと。

寝ぼけ頭でゴロンとそばに寝そべり、セミ時雨に聞き入る。

耳をつんざくようなカナカナの合唱。草いきれ、雲の流れ――雑念が飛ぶ。

30分ほどぼんやりした。

あの時間、ぼくは無だった。

……あの瞬間、ぼくは魂となり、セミ時雨のなかを浮遊していた――ような気もする。

魂とは関係ないかもしれない。でも関係ありのような気分だった。魂を実感してみたい。

（4章）もがく

25・ミミの死

わが家のオス猫ミミが亡くなったのは、２０１２年12月12日夜8時30分。

ミミは、わが家の縁側わきの隙間で産み落とされた5匹のうちの１匹。母猫は、真っ白の美猫だった。どの家で産もうかと、10戸で構成されるわがブロックをしきりと探索していたらしい。うちの女房、娘たちの様子を見て、ここでと決めたのかもしれない。

早朝、雨戸を開けた女房がキャッと驚いた。母猫と、生まれたばかりの5匹の小猫がモジャモジャうごめいていた。猫一家の出現。家と塀との間、寒風が吹く狭い空間での誕生劇。

さてそこからが大変。寒風から守ろうと、板や段ボールで空間を囲い、チビどもが抜け出さないように、周りの塀をビニールでふさぎ、外敵からの襲撃に備えた（つもり）。でもこれは、人間どもの浅知恵。何のことはない、数日後彼らはぴょんと囲いを飛び超え、悠々あたりを散歩することになった。

5匹のチビどもは、ペルシャ系の血を引くきれいな仔、お澄まし屋さん、運動神経バツグンの仔……いろいろでした。うまくしたもので、見かけのいい順にご縁のあるところに

オッズアイ（目の色が異なる）ミミ。

引き取られ、最後に残ったのがミミ。こいつはオッズアイ（左右の目の色が異なる）の、おどおどした軟弱者、自己主張のない、存在感のうすい弱虫でした。でもこいつは、命あるものとして、以来9年間、わが家の大事な一員となったのです。

亡くなる当日、朝から様子がおかしかった。

2階から降りてくると、よろよろっと腰がくだけ、しばらくすると玄関前で朝日を浴び、庭に出て凍てつく芝生に座りこみ、自分の人生のフィールドを確認するように、じっとあたりを眺めていました。ここ数日何も食べず水ばかり。好物のカレイの煮つけに目もくれなかった。お別れの時が来ているのかもしれないね、と女房がいった。

1カ月ほど前、近所の動物医に診てもらうと、リンパ腫です、あと3カ月か半年……と宣告されていたのです。ミミを子分にしていた三女が家を出たこともあり、その分女房が対話者となり、ようやく息が合ったようでした。ぼくも彼との会話に努め、少しずつコミュニケートできるようになっていたのです。

女房は仕事持ち。月水金、ぼくの会社に経理担当として出勤する。出がけには水と食べ物を確認し、行ってくるねと声をかけるのが大事な役目。この日、女房はミミが気になったらしく、1時間早く退社。夕刻5時、帰宅した彼女から嗚咽まじりの電話がきた。

——ミミが死にそう、ぐったりと横たわって、ぴくぴく断続的に痙攣している、耳元で「ミミ、ミミ」と声をかけたら「……ニャー」とかぼそい返事があった、もうダメみたい

……早く帰ってきて。

ぼくが家に帰りついたのが7時。

……あれからすこし落ち着いたようだ、開けっ放しだった口が閉じられ、スポイトであげたミルクをごくんと飲んだ、身体にかけたコタツ布団が上下して、しばらく静かな呼吸

が続いている……と女房。

次女がやっと到着。長女夫婦は数日前に来たのがお別れになった。

ときおりブルッと痙攣する。持ち直すかと思った8時30分ごろ、突如ミミは「クオ――ン」という甲高い叫びを発した。それが3、4回続く。

その雄叫びやよし。

彼はいま、その人生を総括し、ありったけの声で、この世に別れを告げている。

女房が、「みんな、お別れよ」とその時を告げる。

ミミは大きく背伸びし、スーッと全身の力を抜いた。最後だった。

ぬくもりはあったが、しだいに冷たくなるのがわかった。

「ありがとう」。ぼくらはミミの一生にお礼をいった。

三女が到着したのは9時半。うんとかわいがった子分の死。彼女の目からポロポロ涙が溢れ、静かに別れを告げた。

ひとつの命が消えた。猫とはいえ、彼は、命をもつ確かな存在だった。

その時を察知し、自分の生を振り返るような今日1日の行動。

命あるものが終焉を迎える――ミミは、荘厳なその瞬間を克明に見せてくれた。堂々たる、立派な死だった。ありがとう、ミミ。またさみしくなる（合掌）。

26・お別れにきた兄貴

昭和7年7月7日生まれの兄貴は、いつも7という数字にご執心で、住所も電話も車のナンバーも何かの区切りにも、「7はおれ固有のナンバーだ、ラッキーセブンだ」としきりに「7」にこだわっていた。

76歳から77歳に向かうころ。頑健で、病気ひとつしたことのない兄貴が入退院をくり返すようになった。「あぶないよ、そろそろだよ」と兄嫁から伝えられ、かみさん連れで、いよいよ危ないという兄貴を入院先に訪ねました。

病室に入ると、「おう」と、兄貴が目で応えてきます。

当時へビースモーカーだったぼくが話の合間に、ちょっと一服と病室を出て戻ると、兄貴は「おい、おれにも一本くれ」と一服したとたん、「こんなもの、よく吸えるな！」と投げ捨てました。（あんただってへビースモーカーだったくせに……）

身体中に取り付けた何本ものチューブ。口に当てた酸素吸入器がしゃべる度に外れ、いいたいことを邪魔します。

いらだった兄貴は、「こんなものはいらない、取り外せ」とわめきました。そんなくり返しの後で、兄貴は嫁さんに向かってこういったのです。

「もう、いいよ……」

（もう、いいよ……もう治療なんかいいよ）と聞こえました。

病にかかる。医者に行く。あれこれの検査。

医者の判断を聞き、とりあえずその指示に従う。去来するもの。後悔と歓喜の交錯。快哉《かいさい》を叫び、縦横に闊歩し、光り輝いていた日々。そうならなかった数多くの慙愧《ざんき》の念。

１年近くベッドに臥す。うっとうしく、かったるく、回復しそうもないわが身。やがてどうにもならないことを知る。（もう、いいよ……）

「もう、いいよ」がだんだんリアリティーをもってくる。それが臨界点を超え、これまでだ、年貢の納めどきと知る。

「もう、いいよ……」は、来るものを受け入れようという兄貴風の表現だったと思います。兄貴はその後、何度も「もう、いいよ……」をくり返し、こうした措置を受け入れないことを医師に告げ、結局、自宅に戻って逝きました。

「もう、いいよ……」というあの一言を、ぼくは深く聞きました。

亡くなった当日、仕事で京都にいたぼくは死に目に会えませんでした。ちゃんとお別れをしていなかったという悔いが残りました。

数日後、兄貴のことを考えていると、あれは？　と思い当たることに気づきました。たしか亡くなる2日前のことです。

早暁、夢うつつに目を覚ますと、かみさんとぼくが寝ている部屋の片隅に兄貴がいます。「あれ、兄貴どうしたの？」と聞いても、何もいわずじっとこっちを見ています。……へンだな、兄貴は病院のはず……とやっと現実に気がつきました。……おかしいな、どういうことだろう。女房を起こさずに、居間でしばらくぼんやりしました。

……さよならをいいに来たのだろうか？

静かな、青い、透き通るような目だった。あの目は亡くなる直前のおふくろのそれにそっくりだった。女房や子どもたち、その行く末、身過ぎ世過ぎ、悩みなど一切を放念し超越した深い目だった。高いところにいて、下界を静かに眺めているような澄んだ目だった。もう兄貴は、うんと高いところにいたのです。そうだ、それに違いない。身体はベッドにありながら、兄貴は霊となって愚弟にお別れに来たのです。

……と納得しても、大きく気持ちが揺れていました。どうしてこんなに気持ちが騒ぐのだろう。死に目に会えなかった、死の床に行けなかったという不義理が責めてくる。いや、それよりも何十年間かの兄貴とのあれこれが迫ってくるのです。

子どものころから7つ上の兄貴は絶対だった。ぶんなぐられ、鍛えられ、庇護され、いいことも悪いことも教えられ……そうしてぼくは大きくなったのです。でもぼくが成人したころの兄貴は、長男の役目をすぐ下の妹に放り投げ、家を出て、好き勝手な道を歩いていました。父親を早く亡くし、この家を盛り立てるのは長男のおれの役だといつも気張っていながら、結局うまくいかなかった。荷が重かったのだろうか……そんな想いがやってくるのです。

仕事のことを考えても、テレビを見ても、想いは兄貴に帰っていく。誰もいない部屋で、葬儀に行けなかった、すまなかった、ゴメンと詫びる。

死というのは、肉体を脱いで魂という本来の姿に戻るだけじゃないか……と気持ちを整理しても、想いが兄貴の生前のイメージから離れない。わあーっとわめきたいほどの悲しみが襲ってくる。人が死ぬというのはこんなに悲しいのかと思っていたら、さっとよぎったものがある。「メメント・モリ」。自分もいつか死ぬことを忘れるな——。

それまでのぼくにとって、死は他人事でした。それが自分にも近づいているという実感。

それが悲しみの原因だろうか。葬儀の席で婆さんたちがさめざめと嗚咽するのは、遠からぬわが身の死を予感してのことだろうか。その切迫感が人を脅かし、嘆き悲しませるのではないか。お前もそろそろ死ぬことを考えろ！　と。

霊となった兄貴の出現、突如よぎったメメント・モリは、それを示唆していたのかもしれない……

すると想いは、亡くなった人へとつながります。

おふくろ、かわいがってくれた遠縁のおじ。仲良しだった人、義理を欠いたままの人、憎しみが残った人。恩師、先輩、友人、後輩。みんな兄貴のような透き通った目で逝ったのだろうか。もし輪廻転生が本当なら、兄貴もおふくろも先輩にも、再会できるはず。その魂を抱いた人といつかまた会える……そう思うとホッとしたのです。

その昔、早世したわが家の長男を葬る席で、お世話になった林泉寺の江田和雄和尚にいわれた説教を思い返しました。「嘆いているばかりではいけない。君たちがこの世をしっかり生きること、それが亡くなった者へのいちばんの供養なんだ」

なるほどそうだった。女房もぼくも、長男の死をただ嘆き悲しんでいた。ぼくらはあのとき和尚のおっしゃるように、気持ちを切り替えて悲しみをやり過ごしたのでした。

兄貴は、わあわあいいながらおもしろおかしく生きている愚弟に、自分の持ち時間を計算に入れて生きろ、といいに来てくれたのかもしれない。そう考えると、やっと心が鎮まってきた。またひとつ、大事なことを教えてもらった。ありがとう。兄貴。

ブログで読んだ美しい言葉

「先住民の文化で、死とは、魂が肉体から解き放たれて自由になること、を意味しています。別な言葉でいえば、時間と空間を超えて存在の形態が変わることです。

風になります。

土になります。

鳥になります。

水や川や雨になります。

花や樹木や岩になります。

雲や星になります。

全体の中に溶け込みます。

臨死体験や対外離脱体験、シャーマン意識などの変性意識の体験をすると、宇宙に存在するあらゆるものがお互いにつながり合っているという自覚が芽生えます」


（清水友邦　２０２０・５・18）

27・女房の母親の葬式

女房の母・沼田ぬいが亡くなった。
その昼、女房と電話で長い会話を交わしていたらしい。
夕刻、風呂の中で。92歳の大往生だった。

おばあちゃんにはずいぶんお世話になった。ひとり娘を拉致するように東京へ連れてきて50年。盛岡か花巻あたりに嫁がせたかったろうに……。毎年欠かさず、新米、ブドウ、リンゴを送ってくれた。

なんとしてでも葬儀には駆けつけたい。葬儀当日の新幹線の始発を手配した。しかし問題がある。焼き場に移送するのが午前9時。お顔を一目見るには、始発でも間に合わないかもしれない。結局、葬儀の前夜、花巻へ向かった。最初、女房、家にいる末娘3人で行こうと考えていたが、びっくりしたのは、嫁いだ娘ふたりの対応。長女、次女がどうしても一目おばあちゃんを見てお別れしたいという。結局、次女の連れ合いを含め、総勢6人になった。

浄土宗・到岸寺。先発した女房の話によれば、葬儀前々日に「湯灌《ゆかん》」の儀。前日に、「ご詠歌」「お念仏」（「なんまんだぶ」）を唱え、30人ぐらいの手で数珠玉《じゅずだま》を順繰りに隣の人へ送りながら故人をしのぶ。さらに「お逮夜」（通夜）と続く。

葬儀当日は「火葬」と「葬儀」、さらに「精進落とし」と別れの儀式が切れ目なく続いた。先々代、先代、当代住職とも、おばあちゃんは顔なじみ。家ごとのお付き合い。「92歳のおばあちゃんの葬儀に300人余りの弔い客が訪れるのは珍しいこと。これは故人のお人柄です」と、当代ご住職から丁重なお言葉。


火葬に当たって家人が驚いた。おばあちゃんは「生長の家」から購入した白肌着に、『甘露の法雨』全文を一語もおろそかにすることなく書き込んでいて、これを着せて葬るようにとのご意志だったらしい。

それにはもったいないとのご住職の一言で、代わりにお気に入りだった絹の色留袖《いろとめそで》をまとって旅立った。戒名は「秋月庵慶譽明縫善大姉」。昭和28年にすでに頂戴していたという。

最後の「精進落とし」の席。ぼくはたまりかねてそばにいた女房に向かって小さな声でささやいた、「おれもこうして見送ってくれよな」

死にゆく人を悼む……とはこういうことなのだろう。

3日3晩にわたる故人との別れ。哀悼の意が手厚く、かつ静謐に表現され、その間、みんなの心が故人に集中する。「こういう人だった……」と。

東京ではこういうわけにはいかないだろう。

「おばあちゃんで、このスタイルも最後ね……」と女房がつぶやいた。

おばあちゃん、ありがとうございます。ぼくもしっかりしなければ……（合掌）。

オニヤンマ

法事の間の寸暇を得て、女房連れでとある山の村道を車で入り込んだ。さらに上へ向かうと「クマ出没に注意！」という看板があった。降り続いた雨で、道沿いの小川が溢れそうになっている。川向こうに見える集会所がもうじき水に浸かりそうだ。車を降りて小川のそばに立って、ぼんやりした。

山野に降ったちいさな雨粒がおおぜい集まって、
小躍りし、
合体し、

奔流となって、
跳ねるようにゴーゴーと下っている。

雨粒たちが喜んでいる、
土も、草も、木々もみんな喜んでいる、
自然が嬉々としている。

車を降りて道端でしばらくぼんやりした。
鶏頭《けいとう》がくっきりと立っている。
あれは吾亦紅《われもこう》かな。
あっちにあるのは何だろう？
ぼくはその辺の草木の一本と化して、ぼうーと立っていた。

おや、オニヤンマがやってきた。
何年ぶりだろう？
全身をメタリックなシルバーグリーンで武装し、どれほど優れた彫刻家もこれほどのモノは創れないだろうと思わせるほど光り輝いていた。

完璧な生き物だった。


オニヤンマはしばらくホバリングしながら、ついとぼくの膝頭にとまった。

ぼくは、突っ立ったまま。

ふと気になって、オニヤンマに目を向けた。

あいつは、すいっと飛んで行った。

ぼくの意識に気がついたのだ。

28・色即是空　空即是色

高2、同じクラスのAの美しさにハッとした。

なんだろうこの目。よく見ると、澄んだブルー。その目がぼくを射抜いた。

きみは美しかった。美しいだけではなく、聖なる人となった。どういう人なんだろう、何に興味を持っているんだろう、家族は、進路は、好きなものは……彼女のことなら何でも知りたかった。

半年ほど思い悩んだ挙句、口頭ではいえず「これを読んで……」と自宅に日記帳を持って行った。そこにぼくの思いが縷々《るる》あった。

3日後、「こんなに愛されてとても幸せです」という返事がきた。一瞬の至福。

でも2カ月後、振られた。


60年後盛岡。80歳過ぎ老人ふたりのデート。そのことに話が及んだとき、きみは「怖かった、そういうことに巻き込まれるのが嫌だった」といった。


ここからぼくの妄想。

そうだ、ぼくはきみを美と認識し、麗しの人と崇め、聖なる存在として奉ってきた。

しかし、あの後、こうも考えた。

きれいだ、美しい、聖なる人……ぼくは勝手にきみに色を付け、奉り、偶像化し造形したのだと。

あの日も、きみはきれいだった。でも右の頬にシミがあった。へえ、聖なる人でも年を取るんだと思った。きみは痩せて小さくなり、ぽきんと折れそうだった。40キロ、38キロ、

35キロになるだろう。やがて微塵となって、消えるだろう。

せつない。はかない。何なんだ、これは。


わかった、これが「色即是空」だ。

美も、愛も、聖も、思いも、やがて消える、途絶える、滅亡する。

なんということだ、空なんだ。


でも、改めてこう思った。

あの思いは消えない、ずっと残る。そのエネルギーは残る。

いい悪いじゃない、それがおれだ、人間だ、それでしかない。

この世には、同じような想念がそこら中にあるに違いない。そういうものなのだ。

色即是空と知って、はかなさ、むなしさを感じても、ぼくはやっぱり君が好き。

きみが色あせて、細く、小さくなっても、思いは変わらない。きみが好きという気持ちは変わらない。

あれは、純粋な愛だった（と思う）。それを納得した。だから、きみにとても感謝している。きみがいることで恋を知り、愛を知ったから（ついでに失恋も）。

大事なことは、愛することを知ったこと。ありがとう。

29・怖い夢

夜中の3時、大きな声を発して目が覚めた。
なにかに呪縛され、がんじがらめにされている。
夢中で振りほどこうとジタバタした。ほどけない。
それに気づいている（こちらの）自分。
でも、ほどけない。金縛り。
誰かがそうしている、誰かが、わからない。
これはやばいことになる——それもわかった。
金切り声を上げたに違いない。
ある瞬間、正気に返った。
何だろう、たしかに誰かがいた。どういう意味？
怖い夢だった。

30・「自分のことを書かなきゃ……」とジュネさん

びっくりするほど美しい人がわが社に姿を現わしたのは、5年ほど前のこと。

おや、掃き溜めに鶴？

話してみると、ぶっ飛んでいる！

新人類？　クリスタル・チルドレン？　いや、それとも違う。

前世、過去生、生まれ変わり、魂。よく知っている。

その全部を知って、この世にスッと舞い降りてきた天女……みたいな感じ。

（でも……この子の話、ほんと？）ロマンティックな女の子の夢物語？

それにしてはディテールがしっかりしている。夢物語なら、こうもうまくつじつまが合うはずがない、そんなにうまくストーリーを展開できない。

ルルドの街で会った魔女との対話。

スフィアとの対話。

龍との対話もすばらしい。

ブループリント（命の設計図）もおもしろい。

「スフィア」というエネルギー存在

ジュネさんは、運命や心を読む家系に生まれました。その能力が身についても、聞こえてくるのは悪口や嫌な声ばかり。いやだいやだと思いながら、祖母や家族、友人に支えられ、心の探求を続け、いじめや悩みを乗り超えます。

成長した著者は、運命に導かれるようにフランスに渡り、魔女やシャーマンと出会い、モン・サン＝ミッシェルの大聖堂で、「スフィア」というエネルギー存在から「アカシックレコード」のデータをダウンロードされます。

《この世のすべてはエネルギーでできている。
物質も、お前も、この星も、目に見えないものも。
すべてはエネルギーが基にある》

ジュネ
魂につながる物語
アカシックレコードと龍
「スフィア」の声を聴き、
龍と
出会った
私の旅。
そうして
……
『アカシックレコードと龍』のカバー。真ん中の龍、バックの色、ほとんどジュネさんの指定どおりだった。

（……すべてがエネルギーでできている？）

そう考えた瞬間、見たこともない奇妙な記号の羅列がザーッと脳裏を走り、プログラムのような映像が形を成し、人生の記憶として、走馬灯のように流れ出しました。

原始時代、中世のヨーロッパ、アラブ、チベット、エジプト、アラスカ、アメリカ大陸。

男だったり女だったり、さまざまな時代、さまざまな国々を転々とした生まれ替わりの記録。

大変なことに気づいた。

すべて私だった。

どの場所にも、どの時代にも、どの星にも、

その記憶のすべてに、私が宿っていた。

何から何まで私の経験だった。

すべてが私だった。

（いま見たものはなに？）

《アカシックレコード》

スフィアの声が、美しく響いた。

帰国後、ジュネさんは「Noel Spiritual」という小さなサロンを開きました。
人々の様々な問題をアカシックレコードで読み解き、それぞれの人が持つブループリント（命の設計図）を伝え、それに添った歩き方を語ります。

その後、彼女の前に現われたのは、すべてを知る、大きな美しい金色の龍。
金龍は彼女にこんなことをいいます。
《お前は特別ではない。だから選ばれたのだ。
だが、お前は自分を特別だと勘違いして、走ろうとしたであろう》
（『アカシックレコードと龍』（ジュネ著　風雲舎　２０２０年）

ズバリです。ジュネさんは自分を特別だと思い、舞い上がっていたのです。

「あなたの魂は若いですね」

彼女は、その人の抱える問題点を教えてくれる人。

「山平さん、あなたの魂はとっても若いですね。普通は200回、300回ぐらい転生をしているんだけれど、あなたは若い。40回ほど。それに加え、いつも幼くして生を終えている魂ですね。3歳とか、5、6歳のころに亡くなっています。成年まで無事に成長することがほとんどなかった。アメリカ先住民の若者だったころは、崖から落ちてケガをして、誰も助けに来てくれずに20歳で亡くなっています」


……思い出したのが、小学校に上がる前の5歳か6歳のころ。

まきちゃんという仲良しの女の子と近所の池のそばで遊んでいた。何かのはずみで、ひょいとぼくの身体が前のめりに池に落ち、その勢いで池の中央部まで回転していきプカプカしていたらしい。

驚いたまきちゃんがおばちゃんを呼びに行った。縫子おばちゃん（お母さんの妹）が着衣のまま飛び込んで助けてくれた。ほとんどダメだったと後で聞いた。覚えているのは、わが家の押し入れのふすま絵。それがうっすらと目に入ってきた。生き返ったのだ。

もうひとつあります。

小1、7歳年上の兄貴たちのけんかに巻き込まれた。お前はここにいろといわれて、草むらにしゃがんで難を避けていた。そこへガツンと額に石の直撃を受け、意識を失った。

一関病院に担ぎ込まれ、何針か縫った。よくぞ助かったものだ——と誰かがいった。あれはヤバかった。額の傷はまだくっきり残っています。

若死にすることに慣れていたわが魂は、今生なにを間違えたのか、長生きすると決めたようです。そのせいか、ぼくは何にでも興味を示し、何にでも首を突っ込みたがる人間になりました。年齢よりも実体は若く、何でもかんでも珍しがるのです。

「あなたの今生は、まだまだ。だから、しっかり生きなさい」とジュネさん。

なんとなく納得できました。

「魂に添って生きてます？」

ジュネさんの最後の質問は、「あなたは、魂に添って生きています？」でした。

自分の命の設計図（ブループリント）に従ってちゃんと生きているか、というご質問です。

うーん、どうなんだろう？

ぼくの設計図って何だろう？

どう生きるのが、命の設計図に添うことなんだろう？

彼女は、自分の父親以上年齢の離れたぼくに向かって、「他人のことをあれこれ突っ込む前に、まずご自分のことをちゃんと知ることですね。きちんと自分と対話しなさい」とまじめな顔でいうのです。

「自分の命がどういう設計図をもって生まれてきたのか、何を、どうするのが定めなのか、それを自分の歴史として書きだしてみなさい。そうすることで、今生のお役目をしっかと思い出すのです」と。

うーん……至言ですね。

どういう返事をしたかはっきり覚えていませんが、彼女の一言はとても気になりました。あれからですね、再び日記を書くようになったのは。

日記というよりメモ。その気になったら書く。気が向かなければ書かない。楽しかったこと、充足したこと、感動したとき。困難に出遭ってにっちもさっちも行かなくなったとき。そのうち、だんだん自分の生きざまらしきものを書くようになりました。

それを思い出すことが彼女の問いに答えること——という気がします。メモは、PCノートで300ページを超えました。この自分史を書くにあたって役に立っています。ジュネさん、ありがとう。いつか答えを見つけます。

31・『バーソロミュー』にかじりつく

夜寝ていると、ふと借金のこと、手詰まりになっている仕事のこと、売り上げのこと、身体の不安、老衰のことなどに思いが至り、ドキッとして目覚めるときがあります。そんなとき、人はどのように不安をなだめてきたのだろう、どんな風に折り合いをつけてきたのだろう——そんな問いが浮かびました。早大のK先生と会話していると、読んでみたらと薦められたのが、『バーソロミュー』（ヒューイ陽子訳　マホロバアート）。くり返し読んだのは「怖れ」という項目です。ぼくに必要だったのです。こうありました。

怖れ

——〝大いなる自由〟へと人間が向かうときに出会う暗い困難な部分を、あなた方は「怖れ」と呼んでいますが、私はむしろ「理解の欠如」と呼びたいと思います。この宇宙には、怖れるべき何もありません。エゴの暗い鏡が映じる幻想が、あなた方の人生観をゆがめてしまい、人生には怖れるべきものがあると思いこませてしまいます。人生で何かこわいことが起きるのを見ると、自分の知的体験または感情的体験のなかを探しまわって、そのなかから解決策を見つけようとします。

そのときよく注意してみると、一連の内的な動きが起こっているのがわかります。まず最初に、怖れを感じます。次に、この怖れの感情から逃げたいと思います。三番目に、自分の思考力を使って、この不快感を解決する方法があるかどうか探します。四番目に、応急処置が見つかれば、それで処置します。

この四番目の時点に最も細心の注意をはらってほしいのです。特定の怖れを完全に克服していない場合、その怖れが別の怖れに取って代わられていないかどうか、考えてみてください。地球界の人たちの多くは、ある怖れから別の怖れへと、怖れをわたり歩きながら人生を生きています。人生の困難をひとつ乗り超えるたびに人は元気になり、人生は安全なものだと感じて自信を取り戻していきます。その後、人生は平常に戻り、おもしろくなり、ときには喜びに満ちたものになることさえあります。ところが、ある

バーソロミュー
バーソロミュー
大いなる叡智が語る
愛と覚醒のメッセージ
この本にどれほど励まされたことか。

とき、おそろしい出来事が姿を変えて目の前に現れるのです。

怖れを根こそぎにしてしまえないのは、非常に大きなまちがいを犯しているからです。あなた方は、怖れには根っこがいくつかあり、根を全部引きぬいてしまわないと怖れのない状態に達することができない、と思っています。しかし、ちょっと現実的に考えてみると、このようなやり方ではまるで成功の見こみがないことがわかります。なぜなら、誰でもいつか究極的な怖れ、死の怖れに直面しなければならないことを、認めざるをえないからです。今この瞬間から死の瞬間までに起こる問題は、自分の好きなように処理すればいいのですが、死の瞬間は必ずおとずれます。来るべき死と深く向き合った人々は、死の怖れは克服できることに気づきます。まだ死に直面していない人も、必ずそのときがきます。ですから、小さな怖れに対する応急処置をそのたびに少しずつする代わりに、怖れを全体的に徹底的に理解し、その生のままの姿を見すえ、ここで怖れを完全に取り除いてしまってはどうでしょう。――

――怖れを感じるとき、人はそれを肉体を通して感じます。つまり、怖れは肉体的なものなのです。しばしば胸やのどがしめつけられる感じがします。そうした状態になったときには、今までの効果のないやり方をくり返す代わりに、次のことを試みてください。まず、怖れのエネルギーが体のなかで活動するにまかせてください。それを取り除こうとしたり、何かを変えようとしたり、おさえこもうとしたり、それから逃げようとしたりしないでください。完全に受け身になって、それが働くのにまかせてください。「するにまかせる」というのが第一のステップです。気をつけていれば、怖れは、波のように起伏があることがわかります。怖れは、神によって動かされていないので、コンスタントなパワーを持っていないのです。そしてありがたいことに、それだからこそ、怖れを終わらせる可能性があることがわかるわけです。ですから、まず怖れのなすがままにしていてください。

次に、怖れの波の谷を感じたら、怖れが存在しているという意識に注意深く心を向けてください。「こわい」とは言わないでください。「怖れが存在している」と言うのです。この二つの表現には非常に大きなちがいがあります。そしてそのとき、自分のハートのセンター（心臓部分にある愛のエネルギーの発生源）に意識を深く集中してください。自分にあらんかぎりの意思の力をこめ、意識を集中し、じっとしています。ただ、じっとしているのです。怖れという感情をしっかり見つめようと固く決心していると、おもしろいこと

が起こりはじめます。(中略)
静かにして意識をすませていると、自分のなかで動くものを感じます。そして、ハートのセンターですべての怖れが消えていくのがわかります。自分のなかにある怖れを、正面から見すえるようになると、何かダイナミックなものが、自分を昼も夜も満たしてくれるようになって、みずからの幻影が生んだ現象界から、あなたを解き放してくれるのがわかります。それを人間は〝大いなる愛〟と呼びます。それはハートのセンターにあるパワーで、自分がすべてのもの、すべての人とつながっているのだということを理解させてくれます。外の世界には何もなく、すべては自分のなかにあります。そして、怖れるものは何もないのです。
これが信じられない人は、一年だけ私の言う通りにしてみてください。昼も夜もできるだけたくさん、この方法を実行してみてください。そうすれば私は次のことを約束できます。あなたが求めている無条件の愛はあなた、あなたという存在の中心で静かにあなたを待っています。その愛と結びついたら、もう決して二度と怖れを感じることはありません。(中略)一日のうちのできるだけ多くの時間を、自分の存在の中心に意識を静かに集中し、怖れにその状態を破られないようにしてください。そうすると私が話していることが体験できます。――

──（質問）肉体的痛みに対する怖れは、どうしたらいいでしょうか。

つまり、あなたは自分が肉体だと思っているのですね。ところが、人間は肉体以上の存在なのです。そして、どんな種類の怖れも持たずに生きることができます。ただ、そのような意識のレベルに達するには、究極まで突きすすみ、自分が肉体以上のものであることをはっきりと理解しなくてはいけません。

自分が怖れているものをよく見てみると、それらはたいてい「人間は肉体だ」という考えにもとづいたものであることがわかります。人間が肉体でしかないのであれば、当然、怖れるべきものはたくさんあるでしょう。けれども、自分が肉体以上の存在だということがわかると、ほかの可能性が開けてきます。「この肉体が自分だ」という考えにとらわれていると、たしかに、その人は苦しむでしょう、死ぬでしょう、取り残されるでしょう、捨てられるでしょう、飢え死にするでしょう、暑すぎたり、寒すぎたりするでしょう、自分が欲しいものを得られないでしょう、自分が欲しくないものを押しつけられるでしょう、……リストは延々と続きます。このような怖れを根だやしにするには、「汝は肉体ではない」ということを真に理解することです。では、病気でガタガタになっている体や、耐えられないような苦しみはどうなのか、という疑問が出てきます。

痛みがあるとき、当然体は肉体的反応をします。覚醒レベルにある人たちは、痛みの存在を非常な落ち着きをもって観察します。そういう人は痛みそのものに巻きこまれることはせず、ただ痛みの存在を認めます。

ここで問題になっている幻影は、「人間はその肉体でしかない」という考え方です。ですから、ここでも同じことをくり返さなければなりません。毎日瞑想するようにすると、自分は肉体だという幻影から自由になることができます。深い瞑想状態に入ると、自分が肉体から引っぱりだされるのを感じます。意識が肉体の外まで拡大したり、幽体状態のように体から完全に抜けだして、自分が肉体ではないということが理解できます。――

自分の課題がはっきりした

このあたりを、ぼくは何度も読み、くり返し実行してみました。あちこちに、怖れや不安を抱えていたからです。

「ある怖れから別の怖れへと、怖れをわたり歩きながら人生を生きています。人生の困難をひとつ乗り超えるたびに人は元気になり、人生は安全なものだと感じて自信を取り戻していきます。その後、人生は平常に戻り、おもしろくなり、ときには喜びに満ちたものになることさえあります。ところが、あるとき、おそろしい出来事が姿を変えて目の前に現れるのです」

そのとおり、ぼくのことをいっている！

これまでは、ぼくはなんとかやりくりしてきた。だが「おそろしい出来事が姿を変えて目の前に現れ」た（がん宣告）。でも、これもまだゆとりがありそうだ、明日死ぬわけではないから――。それもこれも「自分が肉体だ」と思っているからですね。

一歩前進したのは、「こわい」とはいわず、「怖れが存在している」へ変化したことです。周章狼狽しない、じたばたしない、そういう感情が来ているとただ観察する――これはできるようになりました。でも、「自分は肉体だという幻影から自由になることができます」は、まだまだです。

目下の課題は、「できるだけ多くの時間、自分の存在の中心に、意識を静かに集中すること」これです。

とりあえず寝る前に、必ず瞑想するようになりました（まだ、うっかりして忘れることもあります）。これを「多くの時間」へと変えようと思っています。あれこれ雑な知識を詰め込んだ自分を、まず一歩から変えようと。

急所は、「自分は肉体だという幻影から自由になる」ことですね。

これにはなかなか届きません。そう願望していますが、凡人にはなかなかそこまで行けない――というのが実状です。

そのためには、毎日瞑想する、それを習慣にする、そうして大いなる存在とつながる――これが大きな目標です。『バーソロミュー』には多くのことを学びました。ありがとうございます。

32・切っ先が届かない！

独立して20年。いい時期もあった。読者からの現金封筒の束が大きな屑籠に入り切れないときもあった。でも、ろくでもない本も出した。もちろん誇れる本もある。

感じているのは、ぼくの切っ先が時代に届かなくなったこと。ぼくの想いなんてちょろいもんだ。時代がビュンビュン飛んで行く。楽々とぼくを超えていく。おれの質量では間尺に合わなくなった、シンクロできなくなった。

80歳。目がしんどくなった、粘りが消えた。

ある仲間から、「あんた、オーラがなくなったね」といわれた。

そうだな、お前には強い意志がないな。

どこでつまずいたのだ？

どこで、何を間違えた？
迷いが深く、重い。
人生って、なかなかのもんだ（２０１８年5月）。

33・電車に飛び込みたくなった

電車に飛び込みたくなったことがある。飛び込もうとすると、「なによ、私はどうするの？」というかみさんの声が聞こえた。あの声のおかげで助かった（と思う）。

２０１８年ごろ。何もかも不調だった。

本を出そうという気が失せ、著者を口説き回る元気もプランもなく、窮して悶々としていた。うつ。1年半ぐらい続いた。

「こういうときには、いい医者にかからなくては」という鈴木三郎助さんの一喝で、済生会中央病院心療内科・半田貴士医師のところへ連れていかれた。

あの状態を何と説明したらいいだろう。ぼーっとして、何もやりたくない、指一本動かしたくない、不安、不安、不安……何をしたらいいか、それがわからない、早くけりを付けたい……そんな気分が続いた。

半田先生は、ぼくが語るままを30分ほど無言で聞き、薬を調合してくれた。しばらくそんな状態が続いた。ある日、ラグビー観戦仲間の秋山賢司、榊野秀樹氏らと一緒に某所に出かけ、あるビルに入ろうとすると、（ここはいやだ、入りたくない！）と足が動かなくなった。怖い、不安……どうしても入れなかった。ふたりは、こいつ、かなりの重症だなという目でぼくを見ていた。ただ怖かった。

子供たちが集まって激励会の席を設けてくれたが、その写真を見ると、明らかにぼーっとして、神経を悩む人間の顔があった。

数年後、その半田先生（現・大泉病院）のところにかみさんを連れて行くことになった。調子がおかしい。うつ？　ある瞬間ウッと胸が苦しくなる。何かがぐっと込み上げてきて、ゼイゼイゼイゼイ……と呼吸困難になる。息も絶え絶え。10～20秒間ほど続く。回復するには1時間ほどかかる。見ているほうがつらい。

病院の待合室で順番を待っていると、かみさんがつぶやく。みんな精神病の患者みたい……暗くて……空気がどんよりしていて……重い……イヤな場所ね。

診察、対話、投薬――2年ぐらい続いたろうか。苦しさの内容が変化してきた、足先まで抜ける痛みが消えて軽くなったと。うーん、少し良くなった？

きっかけは、会社への、ぼくへの不満？

一切合切を彼女に押し付けてきたことへのリアクション？


かみさんの落ち度を見たぼくが、それをなじる。

かみさんは、つたない言語で、「なぜそんなことというの？」とつぶやく。

ああ、わからずやの馬鹿亭主め。

その心情がわからないか？

その気持ちをくみ取れないのか？

……すまぬ、すまぬ。

わが師の奥方、古賀才子さんはその道のエキスパート。「あんたがしっかり稼いで安心させれば、奥さん、良くなるのよ」と。

34・出し損ねた手紙——O君へ

元気か。

ぼくが今住んでいるのは東京の西部にある団地の5階。部屋を出てエレベーターホールへ向かうと、真西に向かうことになる。晴れていれば、西のかなたに山塊がくっきり見える。「……おう、今日も元気だな」と声をかける。右奥に武甲山。三角形にとんがった姿だからすぐわかる。視線を八王子の方角へ向ける。奥にあるいちばん高い山は何というのだろう？　雲取山や大菩薩峠はここから見えるのだろうか。

きみのいるのは青梅の山奥だから、もっと右だな……百姓暮らしのきみを思い出す。今年の畑はどうだ、体調は十分か、あの腰はどうした、あの斜面で鍬《くわ》の打ち込みは大変だろうな……？

きみの百姓暮らしに、ぼくは、どこか気を惹かれる。

そそられる、気になる、捨て置けない……というか。

おもしろいね、きみは。

55歳で、まっとうな新聞社勤めを辞め、以来30年百姓暮らし。自宅を離れ、山中の百姓家で独り暮らす。「女房、子供から離れる。これが精神衛生上、いいんだ」と。

へえ、やってみたかった。

土をいじり、野菜を育て、収穫し、食し、家族知人に分け、農閑期になれば車を駆って岬をめぐり、離島を訪ね、ローカル線に乗る。

その合間には本を読むことや自分を整理することなどもあるに違いない。母校の野球部が甲子園に行くと聞けば、きみは農具を置いてはせ参じる。東日本大震災の折には、小さな車で三陸海岸あたりの町々に行き、ヴォランティアを申し出る。何ほどかの労力を提供し、汗を流し、小型車の狭い空間で仮眠をとる……えらいね。


その昔50歳ぐらいのころかな、信州松本あたり。青木湖といったかな、あの辺の山中を徘徊していて、おや、あんなところに小屋があると思って藪《やぶ》をこいで行くと、建設半ばの山小屋があった。失礼します……といって覗いてみると、ぼくよりひと世代上という感じの御仁がいた。自力で、未完成の小屋に手を入れている途中だった。土台と屋根はプロの手を借りたが、基礎が完成したのちは、休日を待って、テントで寝泊まり。コツコツ自分で手を入れる。急がず、のんびり、楽しく。期限はなし。

あの御仁は何ものだったのか、名前も忘れた。あのときは泊めてもらったか、いや、お茶をいただいて数時間の日帰りだったと思う。印象深いひととき。たしかどこかの新聞社勤めの人だった。なるほど、こういう生き方もあるんだなと、何かを感じて帰ってきた。

彼やきみの暮らしに惹かれるのは、たぶん自分もそういうことをしたかったせいだと思う。でも実際は、自分のこと、目先のことで精いっぱいだった。他を思うゆとりがなかった。東日本大震災のときも、郷里に行ったついでに大船渡の入口までたどり着き、ざっとあたりを見るだけで、ヴォランティアを申し出ようなどとは思いもつかなかった。通りすがりの1見物客に過ぎなかった。

何をしたいのか、何をしたらいいのか――人生の主動因《モチーフ》を喪《うしな》った人間たち（おれもそのひとりになりつつある）には、彼や貴兄の暮らしぶりがうらやましいと映るに違いない。人間やることがあるというのは、ありがたいね。

きみも知っているわれらが友Kはひたすら無聊《ぶりょう》をかこっていて、お前は会社があっていいな、毎朝勤めに出るのはうらやましいな……と嘆く。いっとき高校時代の仲間とつるんでいたようだが、彼らもぼつぼつ姿を消し、「語るべき友の不在」を慨嘆していた。あの勉強好きの俊才にして、取り組むテーマを喪失しつつあるらしい。このところ、のめり込んだのが魚市場巡りだという。釜石、大船渡、気仙沼あたりの魚市場を訪ね、これぞという逸品を手にして自宅で庖丁を握る。あのものぐさが満悦顔で、「この悦楽がお前にわかるか」とのたまう。そのうちあいつを入れて一杯やろう。百姓暮らしのきみの人生をじっ

くり聞きたい。草々。（2022・9・6）

35・Kからの手紙

Kからの手紙に、いい文章があった。

――淡々たる平凡な日常で終わりたい。

野菜、キノコ、地のもの、旬のものを適量食べ、ときどき気仙沼や大船渡の魚市場で好きな魚を仕入れてさばく。録画したテレビを見て、昼寝して、本を読んで（いまは『太平記』がおもしろい）、夕方、犬の散歩。

親父は70歳を前にして逝った。その年齢を10歳以上超えた。だから、あとはなるようになれと流れに任せることにした。

心がけているのは、閉鎖的にならぬこと。近所、親族、友人と積極的に付き合う。読書、映画、記紀番組など興味を持ってみる。のんびり、なるようになるさと思って暮らす。それでいいと……（2020・10・22）。

人生の浮き沈みに直面しても、
心が動揺することなく、
嘆くことも、悪意を抱くこともなく、
いつも安らいでいる。
これが最大の幸福である。
（『ゴエンカ氏のヴィパッサナー瞑想入門』春秋社）

あいつもそれに近い心境か。田舎のいい家の長男の役どころ。がっつかない、適量を知っている、穏やか、争わない、好きな本を読む。うーん、わかる。

36・訃報が続く

小中高とずっと一緒だった天野泰資《たいすけ》が死んだときには参った。調子が悪く入院していると聞き、「今度の土曜日、見舞いに行く」と約束。なんとその前々日（木曜日）に亡くなった（2011・4・9）。

高校時代から数学の天才と呼ばれた眉目秀麗な優男。高1のころから、家庭教師で中学生数人を抱えていたと聞く。小遣いに不自由することはなかった。おれと同じ新聞部だったが、彼は同時に音楽部、応援団にも籍をおき、柄にもなく応援旗を振ったりしていた。引っ込みがちの自分を変えようとの意志だったのか。

東北大学工学部卒業に際して、担当教授から「お前はここに残れ」といわれたが、それを蹴って新日鉄へ。ぼくが戸塚署にパクられたとき、ぼくの下宿にいたのは彼だった。手錠をはめられた場面をばっちり目撃され、「ご大層なことをいうわりには、お前の顔、真っ青だったぞ」と。以来頭が上がらず。

このところ訃報が続く。

やはり小中高ずっと一緒だった石川欽也氏（岩手銀行）（2017・12・16）。

西部邁氏の自死（2018・1・21）。

酒友にしてポン友、浅井清宏氏（光文社）（2020・5・21）。

司波寛氏も亡くなった（2021・7・16）。

株主のひとり、金澤尚史さんも（2023・5・21）。

長姉、山平新子の死（2023・12・17）。うんと世話になった。不義理を重ねた。非はすべておれにある。すまぬ。

（5章）弾ける

37・神さながらの生き方――山元正博さん

小社の本に『麹のちから』（2012年）という一冊があります。十数年前の本ですが、今でも版を重ねています。

著者は山元正博さん。祖父は「麹の神さま」、父は「焼酎の神さま」と呼ばれた、100年続く麹屋・河内源一郎商店の3代目。農学博士。

山元さんは鹿児島・ラサール学園から東大農学部に進みました。〝酒の博士〟といわれた坂口謹一郎先生（1897〜1994年）の研究室で勉強したかったのです。坂口先生は発酵菌類の研究で日本中の麹菌を集め、発酵メカニズムの研究を通して醸造学の泰斗《たいと》として屹立し、最晩年には文化勲章を受賞した学者。

3代目はその研究成果を会得したかったのですが、坂口先生はすでに退官され次の世代に移っていました。ある日、研究室の助教授から「山元くん、麹の研究はすでに終わった学問だよ」と告げられます。「終わった学問？」――頭のなかが真っ白になりました。

大学院修士課程を終えて帰郷しますが、家業は苦境に陥っていました。麹の研究に打ち込むどころではなく、先代の膨大な負債を押し付けられる形で、何よりもメシを食う必要があったのです。考えに考えて、観光工場焼酎公園「ＧＥＮ」を立ち上げます（その後「バレル・バレープラハ＆ＧＥＮ」と名称変更）。世界中のビールを研究し、本格的なチェコビールを製造する醸造所を作り、チェコ村を立ち上げ、チェコ政府観光局日本代表に就任。

むろん研究を捨てたわけではありません。

当時問題になっていたのは、やり場がなく海洋投棄されていた焼酎廃液です。これを麹の発酵熱で乾燥させ、家畜の飼料にすることに成功。この飼料によって家畜の肉質が柔らかくなり、うまいと評判になります。山元さんはこのことから、麹の力で食べ物の残渣や糞尿などを安全、良質な肥料にしたり、土壌や水質を改良したり、循環型農業を推進したり、社会に役立てようと八面六臂の活動をすることになります。原点は「麹にあり」と確信して。

山元さんを評して「HAKKO! INTERVIEW」にこうあります。

「麹の力のユニークで不思議なところは〝共生〟することだという。微生物の動きを見ていると、麹菌だけが活躍するスタンドプレイヤーではなく、ほかの善玉菌をどんどん引き寄せ、みんながコラボレーションして活動することで、結果的に人間にいい影響を及ぼしてくれるというのだ。

山元さんの最近の楽しみは、２０２４年にオープンする「麹・発酵ホテル」のようです。麹の堆肥で栽培した米や有機野菜、麹飼料で育った豚や鶏の卵などを使った料理をレストランで提供し、もちろん従来どおり自社ビールや焼酎も用意する。本格的に麹をつくるワークショップも計画中とか。麹の魅力をいろいろなかたちで発信したいと」

(https://www.hakko-blend.com/column/interview/19.html)

――物静かなインテリの姿が想像されますが、いえいえ、3代目は強烈な「武」の人でもあります。その昔、ぼくは山元さんの武勇伝をよく聞かされました。自顕流本家の師範でもあり、アホな能書きを垂れていると、バサッと叩き斬られそうな気合いの入った熱血漢です。むろん、杜氏たちと飲み交わしても引けを取らない大酒飲み。文武に長けた知識人です。

同時に、精神世界、神事に強く、けじめを必要とされる厳粛な席で、請われた山元さんがよく「祝詞」を唱える場面を何度か見たことがあります。神がかりのその朗々たる声に、参加者一同がシーンとなる場面がとても印象的でした。

一見、柔和な目ですが、その奥に神が住みついているような惟神《かんながら》の人。「惟神」とは「神の御心のままに」と辞書にありますが、神さながらの生き方をしている人。ただものではないのです。

若き東大農学部時代、助教授から「山元くん、麹の研究はすでに終わった学問だよ」と告げられ頭が真っ白になり……以来、「冗談じゃない、おれが麹の研究をグングン伸ばしてやる」と猛反発した想いが弾けた人生です。祖父の「麹の神さま」、父の「焼酎の神さま」――3代目にはまだ通り名はありません。この先、どんな名称がつくのか楽しみです。

山元さんの長男、山元文晴（4代目）さんは心臓外科医でしたが、「麹には未知数がある」として家業にもどり、「源麹研究所」で、健康・美容を中心に麹の研究に取り組んでいます。後顧の憂いなし。山元家の前途に光が見えますね。

ぼくは次男の啓輔さんの結婚披露宴に呼ばれたことがあります。新婦は、「源麹研究所」へストレートに就職した、麹菌を学ぼうという女性研究者。そこで啓輔さんと出会ったというわけ。

『麹のちから！』という本が縁結びの役を担ったのだから編集者も出なくてはいけないという勝手な理由をつけて、ぼくも鹿児島へ飛びました。その実、山元さんの師に当たる迫登茂子さん（東京・小金井市で「十一日会」を主宰するシャーマンご婦人。156ページ参照）のアッシーくん代わりです。ご縁というのはありがたいですね。

午後1時から始まった披露宴は夕刻5時までの重厚長大な大披露宴。近隣の市長さんたちがそろって顔を見せ、地元大手銀行の頭取氏らが祝辞を連ねる大イベント。さすが100年続いた名門の披露宴。もう飲めない、もう食えないというほどたらふく腹に詰め込んで、さて本業の取材となりました。現地で、もう一件用事があったのです。以下を語るには、ぼくの頭のなかにこの結婚披露宴が固く結びついているからです。

38・「余命1カ月」と宣告された工藤房美さん

ここ山元さんのレストランで、宮崎、熊本からのふたりのご婦人と出会う約束をしていたのです。工藤房美さんと木下供美さん。いとこ同士。原稿のことのようです。工藤さんが話し、木下さんが聞き書きしたとの由。もちろん迫登茂子さんにも同席していただきました。お話の内容は以下でした。

工藤さんはガン患者でした。

不調を感じて、熊本市民病院に行ったときのことです。

「ピシッ！」と太ももをひっぱたかれ、「きみはガンだよ！　なんで、こがんなるまでほたっといたんだ！」と先生の怒鳴り声が降ってきました。その怒鳴り声に病院中がしーんと静まり返ったようでした。子宮頸ガンでした。

「手術はムリです。余命一カ月」と告げられ、工藤さんは呆然自失していました。子どもが３人。やらなければならないことが山ほどあります。

抗がん剤を飲むと、頭髪がごっそり抜けハゲになりました。息子がかつらを買ってきてくれました。そして、「これは学校の先生から」と、『生命の暗号』（村上和雄著　サンマーク出版）という本を「読んでみて」と手渡されました。

読みました。生きるか死ぬかの瀬戸際ですから、必死に読みました。

一読して、いちばん驚いたのは、

「人間のＤＮＡのうち、実際に働いているのは全体のわずか５％程度で、その他の部分はまだよくわかっていない」というところです。

……それなら、眠っている残りの95％のＤＮＡが目を覚ましてオンになったら……私だって少しは良くなるに違いない！　そう思いついた瞬間、「ばんざーい！」とベッドの上で大きな声で叫んでいました。

まだ病んでいない目、鼻、耳、その他の臓器の細胞に、「これまで私を支えてくれてありがとう」とお礼をいいます。抜け落ちた髪の毛一本一本にも「ありがとう」と伝えます。ガン細胞にも、「あなただってこれまで支えてくれたのだから」と感謝を伝えました。ガン細胞が消えてなくなるように……と祈ったのではないのです。

十カ月後、ガンはすっかり消えていました。「ありがとう」はとっくに十万回を超えていたでしょう。主治医もおどろきました。

（と、そこまでお話を聞いていた）迫登茂子さんの身体が突然ワナワナと震え出したのです。迫さんは神さまが憑いたり感動が走ると身体が反応する人。身体が震え、手が動き、文字を書くのです。ここでもそうでした。紙、紙を……と催促し、ワアーと書きなぐって、「はい、これ」と工藤さんに手渡したのです。「それに気づいたからには、しっかりやるのじゃぞ」という神さまからの言《こと》の葉《は》でした。

工藤さんは助かったとしばらく喜びに浸っていました。すると、「自分だけ治ったからといって、それでいいのか？」という声がどこからか聞こえてきました。これって何？　工藤さんはびっくりします。

そこから工藤さんは、自分の体験をしゃべりはじめます。５人の人に、10人の席で、だんだん多くなって50人、１００人と増えていきました。熊本はおろか九州全県を回り、神戸や大阪、東京にも講演の場を広げるようになりました。

『遺伝子スイッチ・オンの奇跡』

おふたりのご希望は、この体験が本になりませんかというのです。その場はあらましを聞き、講演を録音したＤＶＤを預かって帰京し、拝聴しました。

すばらしい！　テープ起こしをすれば、そのまま一冊の本になるような名講演です。

工藤さんは、時系列で、自分の身に何が起きたか、そのときどうしたか、その子細を、巧まず淡々と語っています。熊本弁が心地よく響き、地のリアリズムがあるのです。ぼくはすぐ、「これ、出しましょう」と電話を差し上げました。ピピッと感じたのです。

よく聞く話ですが、がんと宣告された人の胸中を考えると、生半可なことは口に出せません。下手な激励はかえって本人に辛いことがあるのです。

でも「ありがとう」を唱えることは、誰にでもできます。自分の臓器に向かって「ありがとう」を唱える——これはできます。１００回や１０００回はだれでもできます。工藤さんの「ありがとう」は１０００回どころでなく1万回、10万回を超えたそうです。このことで、臓器を形成する遺伝子のスイッチをオフからオンにしたのですと。

だれでもできる——病む人にとって、これは希望です。

この本の急所はたぶん、「ガンが消えてなくなるようにと祈ったのではないのです」ここですね。ガン細胞にも「あなただってこれまで支えてくれたのだから」と感謝を伝えたことです。

ここを読んだとき、ぼくはドキッとしました。

通常ぼくらは、悪いものは消えろ、厄災はなくなれ——と思っています。ところが彼女は、ガン細胞にも「あなただってこれまで支えてくれたのだから」と感謝の気持ちを伝えました。これはすごい。みんなそういう気持ちになれるだろうか——ハッとそれに気づいたのです。

こうして本ができました。

『遺伝子スイッチ・オンの奇跡』
「ありがとう」を十万回唱えたらガンが消えました！
（余命一カ月と告げられた主婦）工藤房美（２０１５年10月）。

サブタイトルの、「ありがとう」を十万回唱えたらガンが消えました！――は、まさにそのとおり。１年後、工藤さんのガンはきれいになくなっていました。著者はピンピンしています。

『遺伝子スイッチ・オンの奇跡』カバー。

『生命の暗号』の著者、村上和雄先生に手紙を書いて、これこれですとご報告すると、先生は熊本までやって来て、生えかけのチョボチョボの頭髪を撫でて、「いい子だね……」と、スイッチ・オンした工藤さんの遺伝子を褒めてくれたのです。

弾ける人

改めてすごいなと思ったのは、こういう人が増えてきた――という印象です。

工藤さんはとくにスピリチュアルに熱心だった人とは思えません。普通の主婦がある日、あることをきっかけに、大事なことに気づき、実行し、成果を得た。ほかの人にも伝えなければならないと決心し、それを淡々と実践している――そんな感じです。

ピーンと弾けたのです。

自分のなすべきことが何か、それに気づき、実行したのです。こういう人がとても多くなったような気がします。

並木良和さんの言葉によれば、「アセンションしている」のです。ライトワーカー（光を運ぶ人）になったのです。岡田多母さんの言葉では「クォンタム・リープ」（「量子跳躍」）したのです。「あるものが、あるとき、全く異なる物質に瞬間的に変容」したのです。

そんな現象がいまこの地上をうねっているような気がします。その変化は、まず自然界の生き物に影響を与え、次いで、自然界の一員である人間たちにも及びつつある――という気がします。その動きと連鎖反応するように、うねるように、弾ける人が多くなった。だからおもしろい時代になった、とぼくは感じているのです。

2年後、続編ができました。『「ありがとう」100万回の奇跡』（2017年3月）。

工藤さんの、「ありがとう」の暮らしは変わりません。遺伝子が喜ぶ生き方を続けるようになると、不思議なことが続出するようになったのです。最近のメールによれば、100万回「ありがとう」を唱えた後、「意識が宇宙に飛び出しちゃった」そうです。

「ガンが消えて元気になり、感謝感謝の日々ですが、いつでも私の意識は宇宙に在り、この星の全ての人間の意識の進化を目指してセミナーをさせていただいております。

お一人おひとりが、新しい進化に向かい意識を新しくすることが必要です。どこへ向かうのか、その答えは、新しい意識へと進化し続けること。まだ進化の途中です。この進化の途中を毎日楽しんでおります」

いつか、続きを読みたいですね。

39・菩薩行するご婦人（青木紀代美さん）

わが社はビルの5階にあります（2023年末引っ越し）。

細い路地一本隔てた向かいのビルに、青木紀代美さんのオフィスがあります。「青木さ〜

ん」と呼びかけると、「な〜に」と返ってくる距離。

青木さんの肩書は「食といのちを守る会」代表、「NPO法人子どものいのちを守る会」副理事。テーマは、「食」。安全安心な、まっとうな食。

それを求めて40年、まっすぐに歩いてきました。

彼女の関心は、最初牛乳でした。

初めて授かったひとり息子が1700グラムの未熟児。好き嫌いが激しく、少食、偏食で、同じ年ごろの子どもと比べても、頭ひとつ足りません。でもある牛乳だけは「おいしい」といって飲むのです。

この子をなんとか健やかに育てたいと、安全安心な、いい牛乳探しに奔走します。そこから、米、味噌、醤油、有精卵、野菜などまっとうな食べものを求め、長い旅が続きました。いい食があると聞けば、遠路にもめげず現地に飛び、生産者と直接話し込み、農地に座り込んでその生育を眺め——そんな暮らしを続けると、ろくでもない食べものと、いいものの違いがわかるようになり、息子のいのちという私的な関心から普遍的なそれへと転回し、すべての食といのちを守ろうという食の目利きとなったのです。

青木さんの行動を適確に評したのが「みやざき中央新聞」の水谷謹人《もりひと》さんです。

——東京・豊島区在住の青木さんは「都会にいながら農民になろう」と考えていた。土を耕し、農作物を作ろうというのではない。「農民の思いに寄り添い、食の循環の一端を担ってこの社会にしっかり足を下ろしたい」そう思ったのだ――（「みやざき中央新聞」2018・3・12「社説」）。

手を当てる

食だけでありません。彼女は、人の身体に手を当てて癒す人。ノーベル賞学者、著名な映画監督から普通人に至るまで、何千人と手を当ててきました。お代は取らない。呼ばれれば、九州だろうが北海道だろうが出向く。見ず知らずの人にもじっと手を当てる。

ぼくも、腰が痛い、頭がおかしいといって、何度も手を当ててもらいました。不思議なことにすっと気分が良くなるのです。

でも一方で（なんとまあ、そんなお金にならないようなことばかりやって……でもこういう人がまだこの世にいるんだ）と感嘆していました。損得勘定はなし、困った人がいれば見過ごせない、睡眠4時間ほど。とにかくよく動く。いったいあなたは何ものなのと瞠目していたのです。

青木さんと出会って、ぼくの食生活も様変わり。ろくでもないものとホンモノの違い。

それを見極める方法――考え方が変化したのです。彼女には生活スタイルや思考についても一家言あり、迷ったときには相談することが多くなりました。プロがすぐそばにいるのは、とてもありがたいことですね。

そういう彼女のスタイルに半ば呆れ、半ば魅了され、「そのままのあなたを一冊書いてください」と原稿を依頼。1年がかりでできたのが『食に添う　人に添う』（2017年）という一冊です。巻頭に、いい文章があります。

「現代に生きる菩薩」――七沢賢治

「青木さんの手当てを受けた方々は、彼女を『菩薩のような方』と表現する。

『大無量寿経』には、釈尊が阿難という仏弟子に教えを語って聞かせるシーンがあるが、彼女（青木さん）が活動するさまは、まるでそこに登場する法蔵菩薩のようである。人類すべてを救済するまで自分は仏にならないと請願を立て、後に阿弥陀如来となったあの菩薩である。そうでなければ見ず知らずの人間に対し、何時間も、ときには朝まで治療の手を休めないというようなことはできないであろう。

すでに古希を超えているというのに、彼女の活躍はまだまだ終わることを知らないかのようである。青木さんを見ていると、現代に生きる菩薩とでも言いたくなる。高度情報化社会における、もっとも稀有な人材として、こうして彼女とお付き合いできることを幸甚に感じている。青木さんの菩薩行も今世が最後であろうが、かりにそうであったとしても、姿を変えてまたここに戻ってくるような気がしてならない。その時は、人々が彼女を癒す番である。人類の輝ける未来を予感して――」

（ななさわ・けんじ　㈱七沢研究所代表取締役）

七沢さんは「伯家神道」という古神道の秘儀を伝授された方です。

毎朝、大祓《おおはらえ》の祝詞を唱え、そのひとつひとつの詞の意味を「言霊学」として確立しました。

大祓詞《おおはらえのことば》は次のように始まります。

「高天原《たかまのはら》に神留《かむづ》り坐《ま》す　皇親神漏岐《すめらがむつかむろぎ》　神漏美《かむろみ》の命《みこと》以《も》ちて　八百萬神等《やほろづのかみたち》を神集《かむつど》へに集《つど》へ賜《たま》ひ
神議《かむはか》りに議《はか》り賜《たま》ひて　我《あ》が皇御孫命《すめみまのみこと》は　豊葦原水穂國《とよあしはらのみずほのくに》を　安國《やすくに》と平《たいら》けく知《し》ろし食《め》せと――」

（『大祓知恵のことば』葉室頼昭著　春秋社　２００４年）。

これを毎日唱えることで、日々積もった雑念や感情を洗い流し、気持ちをゼロにする。

そういう行をくり返すことで、おごり、昂ぶりの感情をゼロに戻し、何より、謙虚であることを学ぶのです。

七沢賢治さんに初めてお目にかかったとき、ぼくはその眼光に驚きました。チラッとぼくに一瞥をくれた瞬間、「あ、叩き斬られた！」と感じました。

一見、おだやかで物静かな紳士ですが、あの眼光には、冷や汗をかきました。ただ者ではない。一目で素性を見破る人。その眼光に「叩き斬られた！」と感じたのです。こうした印象が間違っていることはめったにありません。

ぼくは驚きを押し隠しながら、「七沢さんの目からご覧になって、青木さんってどういう人ですか？」とお尋ねしました。

答えは、簡潔明快。

「彼女は菩薩行をやっているんです。この情報化社会のなかで最も稀有な存在。現代に生きる菩薩です」

菩薩行！　そうだったの……！　凡夫にも、やっと青木さんの本質がわかりました。

この本には魂が込められている――東　道夫

縁があって青木紀代美著『食に添う　人に添う』を読みましたが、実にすばらしい本でした。青木さんには何度かお会いしたことがあり、とても素敵な方だと思っていましたが、素敵なお父様やお母様、そして品格のあるご主人に恵まれたことにもその淵源があるのだなと実感させられました。
感嘆させられたのは青木さんの文体です。なんの気負いもてらいもなく、ただ淡々と流れるような簡明な文章。私も多少は文章を書きますが、どうしてもそこに飾りを入れたくなり、「気負い」や「てらい」が入り込みます。それが全くない文章というのは本当に稀なのです。（中略）
文章というものは、そこに作者の「魂」が入っているかどうかが、その価値を決めるような気がします。青木さんのこの本には魂が込められているのを感じました。文章とは何かというテーマについて、改めて深く考えさせられるものでした。（中略）
私は健康面の不安もあり、もう長くは生きられないだろうと思っています。けれども自分がまだ知らないすばらしい世界がまだこの世には一杯残されているのなら、それらにひとつでも多く出会ってから死にたいものだと思います（ひがし・みちお　医師）。

40・『バイオサンビームで病気は治る』（青木秀夫さん）

不思議なお医者さん。この国で医学部に入るには、１浪、２浪は当たり前、３浪、４浪ぐらいが相場といわれます。青木さんは７浪まで頑張りました。７浪！

なぜか？　「本当に治せる医者を志した」から。

なぜそこまで？　浪人中に『人間の運命』（芹沢光治良著　新潮社）を読み、主人公・森次郎の、強い意志をもって人生を切り開く姿に感動し、「自分の使命を私利私欲なく忠実に追求すれば、さらに道は開かれる」という著者の言葉に押され、「病気を治す医者になりたい」と決心したから。

以来青木さんは、芹沢光治良を人生の師と仰ぐことになりました。


医師として見た医療現場は、「治らない現代医療」の集合体――でした。

「自分は本当に患者さんを治しているか？」、病気の原因を突き止め、きちんと対処しているか――それを自らに問いました。答えは「ノー」でした。現代医療の壁は手ごわく、自分の想いを実行するには遠かったようです。あれこれの道を模索しながら、最後に辿り着いたのが「バイオレゾナンス医学」です。

バイオレゾナンス医学とは、人間をエネルギー体ととらえ、バイオ（生体）が発するレゾナンス（波動共鳴）を診る医学。病因となる物質やウイルスを波動で感知し、それを排除することで治る――という考え方。

『バイオサンビームで病気は治る』（青木秀夫著　風雲舎　２０２１年）は、著者のこれまで、現在、バイオレゾナンスの道――を余すところなく描いた一冊。著者の意を体するように、コツコツと着実に読まれています。

青木クリニックの所在地は、片田舎の田んぼの中。交通は不便。でも全国から患者さんが押し寄せています。

がん、アトピー、脳腫瘍、リウマチ、喘息、新型ウイルスもどき……。むろん近所の患者さんが中心ですが、通常の病院では治らない人が救いを求めてやってくるケースが多く、それゆえ遠方からの患者さんも多いようです。

ぼくもそのひとり。膀胱がんにも対応していただき、漢方薬をきちんと服用しています。でも、そろそろまた青木クリニックに行かなければなりません。認知症ぎみの女房の状態がどの病院に行っても検査検査ばかりで、何がどうなのか、一向にはっきりしないのです。病院巡りで知ったのは、治療以前のたらい回しですね。ぼくのささやかな体験上、局部を診て、そこ以外は他の医者へ回す現代医療には、愕然としました。あちこちを回って、心底がっくりしています。大変革が必要ですね。

本当に困ったときには、青木先生のようなお医者さんがありがたいのです。

41・美しい手紙

伊豆・松崎在住の旧友渡辺誠氏から、奥さんの近況を知らせる手紙が届いた。
美しい言葉が連なっていた。

制子が脳出血で倒れて11年半。
脳外科病院に入院。
動くことも、しゃべることもできませんでした。
2カ月後、リハビリ病院に転院。
私の顔を見ても、わかっていたのか、どうなのか。

1日2回運動リハビリ、言葉リハビリを始めました。
リハビリを続けて1カ月後、立ち上がれました。
その3日後、歩いたのです。
5歩か6歩ぐらいでしょうか。

そのときのことは今でも覚えています。
リハビリの先生、制子、私……涙が出ました。
うれしかった。

あれから11年たちます。
制子は、不自由ですが、
自分の考えること、思うことを、
たどたどしく伝えることができます。
うれしいと笑い、
悲しいと目をつむり、
つえを使ってゆっくり歩きます。

不思議です。
神経が、生きるようにつながるのでしょうか。
今も、週2回リハビリ病院に行っています。
朝9時半から午後3時まで、けっこうハードです。

いろんな人がいます。

仲間意識というのでしょうか、喜んで行きます。


私自身のこと。

食道ガン。ステージ3。5年生存率40%。いま4年過ぎ、転移なし。

すこぶる元気です。10キロ減った体重が2キロ増。ウイスキーも少量。

『よかった、脳梗塞からの回復！』（金沢武道著　風雲舎　２０１７年）という本、励みになります。うれしかったです。ありがとうございます（２０２０年5月）。

42・『落ちる！』（〝第二の人生〟に向かった新谷直慧さん）

新谷さんが最初「落ちる！」体験をしたのは、スキーに夢中だった40代初め、ロッキー山脈にスキーツアーで出かけたときでした。

青白い凄みを帯びたアイスバーンを見て身体が引けたのか、最初のターンで失敗して転倒、頭からガガガーと滑落。ものすごいスピード！　どうにも止まりません。死ぬんじゃないか？　直下にあるロックに頭をぶっつけて死ぬんじゃないかという恐怖が湧きました。

ロックに近づいたとき、片方のスキーがなんかの拍子に外れ、もう片方の足が反対側に回転してブレーキになり、ロックの寸前で止まりました。何が起きたのかわからないまま、ああ助かった、あと1メートル越えていたら……と思うと震えが止まりませんでした。

最初のきっかけが、スキーという遊びのなかで起きたことはラッキーでした。おもしろがる余裕がまだあったからです。でも、「死ぬんじゃないか」という恐怖感はずっとこびり付いていました。

それまでの彼女は、自由な編集者・企画者・ライターとして順調に人生を過ごしていました。ところが「落ちる！」を境に、なぜか不快な出来事が頻発するようになったのです。原稿がボツになったり、進行中の企画にストップがかかったり、なぜか妙なことが続くのです。

忘れられないのは、それまで一緒に何冊もの本を出して親しくしていたある瞑想家から、「もうこないでくれ」と出入りを禁止されたことです。取り巻きのみんなの雰囲気も違っていました。後になって知ったのは、瞑想家は、彼女が会のお金を横領した、彼女とは一切連絡しないようにとみんなに告げたそうです。最悪の不名誉でした。

わけがわからないまま彼女はじたばた騒がず、考えるのをやめ、その出来事を「保留箱」

に入れました。そうすることで、その問題が箱の中で発酵したり、思いがけない解決法が降りてきたりすることがあったからです。とりあえずそうすることで、彼女は自分を責めなかった、自分は間違っていなかった、と思えるようになったのです。

1年後、理由がはっきりしました。

国税局の人間が彼女のところにやってきて、瞑想家の脱税が判明したのです。彼はエネルギーを感知できることから、エネルギーグッズ類を製造・販売するようになっていて、巨額の利益を上げながら脱税していたのです。

彼女はエネルギーのことをよく知らなかったこともあり、心の深いところで、その行為を心地いいと思っていなかった、瞑想家の会場に行く足取りも重くなっていた――それを見通していた瞑想家は、彼女に来てほしくなかった――と思い当たりました。

横領犯とされたこの出来事は、人生最大のピンチでした。崖から突き落とされたのです。深く考えました。それまでは順風満帆の人生でしたが、そこで真に満たされることはないと思うようになったのです。

人は手探りで、まず社会的な成功をめざします。でも、「生まれてきてよかった！」と本当に喜ぶことができるのは、自分の「使命」のようなものごとに出会ったときです。

彼女はこの出来事を機に、自分の意志にかなう方向へ向けて歩き出しました。方向は何度も軌道修正させられますが、それを意識しながら受け容れ、流れに任せることで、己の魂が発露するところへ、つまり「第二の人生」に向かったのです。

なんでも引き受ける便利な編集者から、自分の意にかなった仕事をするようになり、いやだと感じた仕事は、「わたしに合いません」と身を引くようになりました。かつて大好きだった山登りを再開し、自然との触れ合いを取り戻し、仕事にも落ち着いて向かうようになりました。あのロッキー山脈での滑落をきっかけに、「落下は飛翔」といえるようになったのです。

新しい道は、自分が知らない道です。向こうからやってくるものだから。けれど、そのまま受け入れて、魂からの発露である直観に従えば、やがて「第二の人生」が始まります……と彼女は胸を張っています。

43・『新しいわたし』になった二戸依里さん

二戸さんは、ひっそりと実直に生きてきた人間です。

夫とふたり暮らし。肩書は公立中学校の非常勤講師。もうひとつは、ある生協の理事長。そんな彼女がなぜ本を出すことになったのか（『新しいわたし』（二戸依里著　風雲舎　2022年）。彼女自身ビックリしているのですが、その理由は、自分の身に起きた一連の不思議な「変化」のせいでした。

まるでとてつもない大きな風に乗ったように、自分の見方、見える世界、人生観がまるっきり、カチッと音が聞こえるように、あるときから変わったのです。

あるクラスでの授業中、なぜかふと、「名前に〝りゅう〟がつく人は地球を守りに来ているんだよ」というセリフが口をついて出たことがあります。どのクラスにも、「龍」「竜」「辰」いう名前をもつ生徒がひとりかふたりいます。どれも龍（DRAGON）に関わる漢字です。すると、ある子が別の子に、「あ、おまえ、地球を守りに来てるんだ」といいだし、クラス中が盛り上がりました。

1週間後、そのクラスのドアを開けると、後ろに座っていたUさんがいきなり手を挙げて、「先生、ぼく、本当に龍をみました！」というのです。

クラス中騒然となりました。でもその日はテストの日。龍の話で盛り上がるわけにはいきません。テスト後、Uさんは教卓にきてこんなことをいうのです。

わたしから龍の話をきいたとき、両親が仲たがいしていた、重い気持ちで道を歩きながら空を見上げたら、雲の間に何かがうごめいていた、じっと目を凝らしてみたら、「龍だった」と。

「え？　お前、龍とかいって、ただの鳥だったんじゃねえの？」とそばにいた友だちが突っ込みを入れました。「ううん、青い龍だった」ものおじすることなく、彼は真剣な顔でいました。

そのときわたしの脳裏に、ウォン・ウィンツァンさんのアルバム『青の龍BLUE DRAGON』のジャケットが浮かびました。草場《くさば》一壽《かずひさ》さんの手による、青い龍がたゆたっている神秘的な絵です。

「青い龍だったんだね」

「はい、その龍を見たあと、なぜか両親の仲が戻っていたんです」

「この話、あなたの名前を伏せて、ほかのクラスで話してもいい？」と尋ねると、「はい」と返してくれました。他のクラスで話してみると、「ぼくも龍を見たい」「うちも大変なんです」とまた盛り上がり、しばらく「龍」の話で賑わっていました。

彼女は非常勤の講師ですから、あちこちの学校へ行きます。

○ろう学校で手話を初体験。これが難しかった。
○職場でのご縁から、「やまゆり生協」に加入。そのころからオーガニックな世界観を知るようになった。
○「守ろう！　子どもたちの未来」シンポジウムに参加。
○命がけで身を削り、浄霊を行なう女性に出会った。
○『虹の戦士』（北山 耕平、William Willoya 他　太田出版）という本を読み、ネイティブ・アメリカンの暮らしに刺激を受けた。
○映画『ホピの預言』の上映会。宮田雪《きよし》監督のパートナー、辰巳玲子さんにご挨拶すると、「初めて、じゃないわね」と彼女が微笑んだ。
そのころからです、だんだん魂のつながる方々との出会いを実感するようになったのは。不思議な邂逅《かいこう》（シンクロニシティー）が続くようになったのです。大好きな手打ちそば「くりはら」で、あのウォン・ウィンツァンさんと出会ったり、掛川の事任八幡宮《ことのまま》で山川紘矢・亜希子夫妻と会話したり、ほかの星からやってきたという生徒との対話があったり、あの加藤登紀子さんと対談することになったり……。

「もう時間がないんだ」と浅川嘉富さん

夫と山梨県小淵沢に出かけたとき、突然心に浮かんだのが、「スペース&ギャラリー徳《とく》乃蔵《のくら》」。オーナーは地球・先史文明研究家の浅川嘉富《よしとみ》さん。お目にかかりたいと思っていたおひとり。

到着して一歩足を踏み入れると、通路に「辰」の字の切り絵が目に入りました。コーヒーをいただき、一巡して帰ろうと通路に出たとき、浅川さんご本人が現われました。

「もう見たの？」

「はい」

「もう、時間がない？」

「え、あ、あの……」

浅川さんとつかの間の会話。亡き父の名が「辰雄」だったこと、龍を見た生徒が現われたことを早口で伝えました。すると、それまでじっと耳を傾けていた浅川さんが突然こうおっしゃったのです。

「あなたは竜神の魂を持つ人だ。そうでなければ父親が辰雄であるはずがない。わたしは睡眠時間3時間、1日1食でやっている。もっと真剣にやりなさい」

何を、とはおっしゃいませんでした。しかし、一気に何かが込み上げてきて、わたしの目から涙がボロボロ流れました。浅川さんはこう付け加えられました。

「ここに来たいと思っても来られない人もいるし、来てもわたしに会えない人もいる。でもあなたは会えた。きっとご先祖に徳のある方がいたんでしょう。だからあなたはギリギリ間に合ったんだ。もう時間がないんだ！」

激しい口調でした。言葉の意味がダイレクトに伝わってきました。

もう地球に時間がないことはわたしにもわかっていました。利便性を追求し続けた結果の、今の地球。その声を聴いて届けてくれる人たちに、わたしは次々と巡り合ってきました。そうして今、目の前に浅川さんがいます。地球＝ガイアが引き合わせてくれたのでしょう。

浅川さんは続けて、

「仮に学校長が職員を集めて、『先生方、今日は生徒に龍の話をしてください』といったとしても、ほとんどの人はできないでしょう。でもあなたは誰かから命令されたわけでもないのに、自ら龍の話を伝えた。……もっと本気になりなさい」

なぜか涙が止まりません。

３日後。やまゆり生協での理事会。次期理事長にとの打診。同じ日、わたしの手元にアナスタシアのポスターが届きました、どうしたことでしょう。急展開で何かが進んでいる……？

頭上に現われた白い龍

「もう時間がないんだ、もっと真剣にやりなさい」と浅川さんのご叱責。

そして生協理事長への打診、さらにまた、さまざまな人との出会いが増えたこと。

それを皮切りに突然何かが決壊して、わたしに向かって雪崩れ込んできたような、そんな感覚のなかにいました。

次々と、さまざまなメッセージが飛び込んできました。

わたしは迷っていた理事長の役を引き受けました。

理事長となって初めての総代会。

その帰路、バスを降りて、ふと空を見上げました。頭上に真っ白い龍の頭のような雲。

わあ！　とおどろいて眺めているうちに、首がするすると伸びて、流れるような龍体に見えてきました。

「……大丈夫」

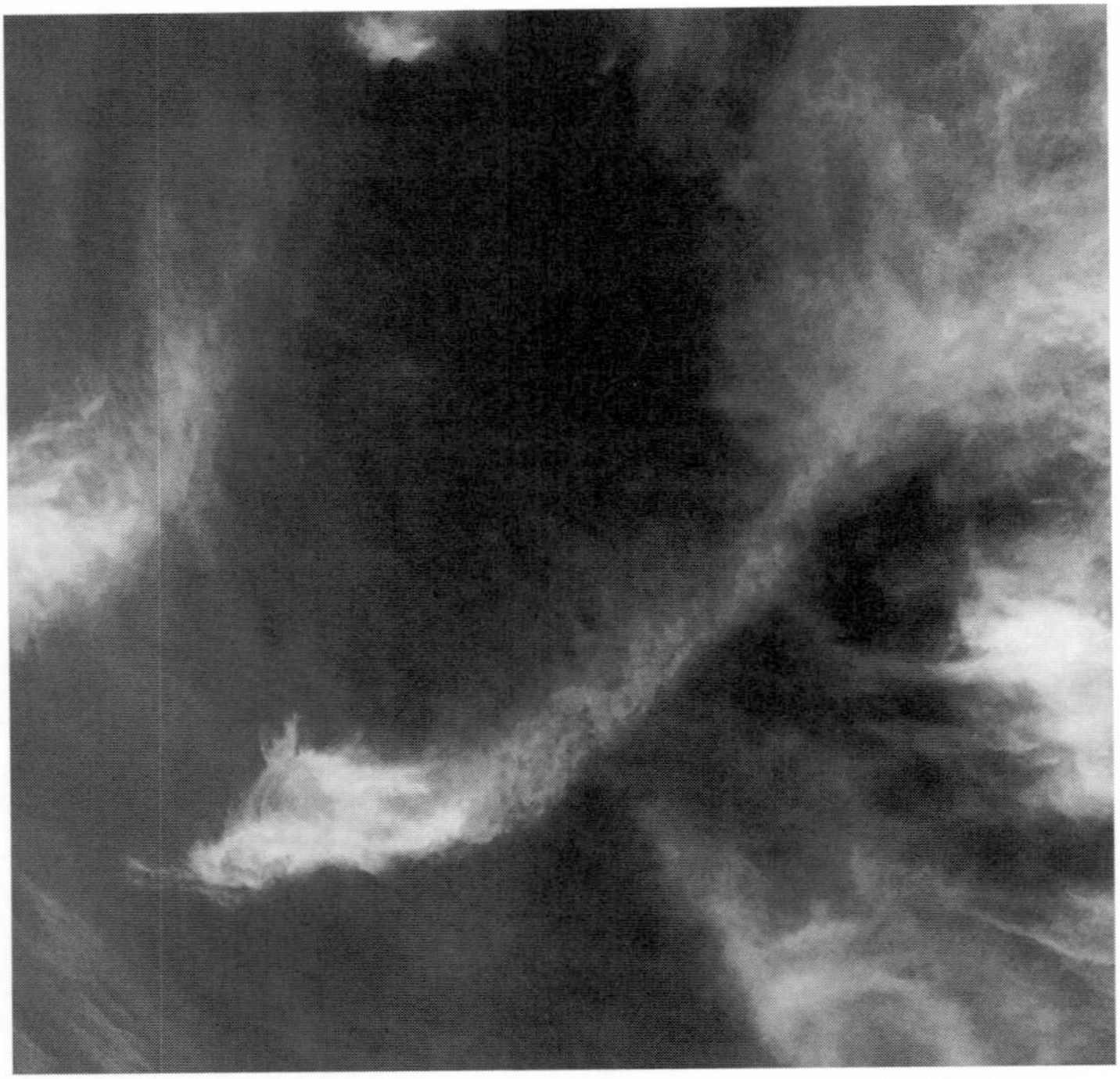

頭上に現われた白龍のような雲。見ている間に、スルスル首が伸びた。

そんなメッセージが届いた気がしました。

その直後、電車で会った初対面の人に突然、「あなたには白龍がついていますよ。これから天使をジャンジャン呼んでくださいね」と声をかけられたかと思えば、「あなたの後ろについている8人の方がわたし（の後ろの存在）と似ています」といわれたり、ある初対面のヒーラーに「背中に緑の羽根が見えます」といわれたり……どうしたのでしょう?

しばらくして茅ヶ崎で龍や宇宙人とコンタクトできる女性と出会ったとき。「あなたは遠い星からやってきている魂たちを守るお役目があるんですよ」といわれてびっくりしたこともあります。

　でも、自分に与えられたのはこういうお役なのかと、だんだん自分のなかでつながっていきました。そんなふうに思うようになったころ、手相を占う方からいわれました。

「あなたは五十歳から六十歳にかけて、本当にやりたかったことができるようになりますよ」と。

　ですからわたしは今が一番楽しいのです。

「新しいわたし」

　わたしは今、わたし史上、最高の仕上がり《スペック》だと感じているのです。

　魂は永遠の存在であり、なんども転生をくり返しているとするならば、最高のスペックであるのはわたしだけではなく、わたしたちの誰もが最高スペックで今この地球の上を歩いている。

　それに気づくことで、地球の波動は一気に上がるととらえています。

　それより何より、〝わかっている〟若い人たちが増え、彼らの認知度が上がっているという感じがします。
楽しみですね。

（6章）体調不全

44・どうもおかしい（2022〜2024・5）

ここ2、3年調子がヘンだ。コロナのせいだと思っていた。

腰、神経、冷え性、頭——どこもかしこも変調をきたしている。

とうとう膀胱がんと宣告された（2023年1月）。

そもそもぼくには（医者の言語でいうと）、「基礎疾患」とやらがふたつある。

その1。20年ぐらい前から糖尿病。これは、済生会中央病院渥美義仁医師（現・永寿総合病院）にずっとお世話になってきた。入院、治療を経て2021年、経過良好ということでインスリン不要、服用薬のみとなった。以後「HbA1c」の数値は6・1〜6・5あたり。「最も良好な回復のサンプル」と褒められた。いい気になって飲酒過多になると、悪化する。先月は8・4だった。気をつけなければ……

その2。脊柱管狭窄症。腰痛および右脚部のしびれと疼痛。40代のころは椎間板ヘルニア。ぼくの弱点は腰。

今現在、しびれがひどい。右脚部から足首にかけて感覚がない。歩行がつらい。足が萎えてしまうのではないかという不安。20軒ほど治療院や治療家を回ったが、どこもダメ。

結局、2024年3月から、西洋医学のペインクリニックに通うことに。ひどかったしびれが40％ほど消えた。ありがたい。

とにかく寒い！

①尾てい骨から気が抜ける。仙骨（尾てい骨の上3、4センチ）に穴が開いている――という感じ。ここからスースー気が、エネルギーが漏れているみたい。

考えられる原因は、4年ほどまえ自転車で転倒し尾てい骨を打ったこと。痛くも何ともなかったが、だんだん痛みが出てきた。整形外科で2度ほど診てもらったが、「何もない」と。腰痛、しびれ、冷えの原因はこれだな――というのがぼくの直感。

②そのせいか、ここ2年ほどずっと低体温（平均して35・5～36・2度）。寒い、下半身がいつも冷えている。使い捨てカイロが必需品。冬場には厚手のズボン、股引、厚めの靴下、セーター、マフラー、手袋、それに分厚いコートが要る。夜寝るには、30分ほど湯たんぽ（または足温器）が必需品。

③代謝不良。血流、リンパ液も、気も、スムーズに流れていない――らしい。

④そのせいか、急激な体重減（70キロ→58キロ。現在62キロ）。身体全体がシワシワ。入浴時、鏡を見ると、首から胸にかけ、さらに両腕にシワシワ。特に下半身がやせ細って

いる。

⑤素人の判断。問題は低体温ではないか。それが血流の悪さを呼ぶのではないか。低体温のせいで、身体に大きな変化が起きているのではないか。すべての病気の原因は低体温というらしいから。

⑥2023年1月21日、血尿が出た。真っ赤な血。近所の武蔵野徳洲会病院に行く。「これは膀胱がんです。すぐ対処しましょう」と。

翌日、帯津三敬病院に駆け込む。何かあったら頼みますよと30年前からの約束。念のため再検査。「やはりそうだね」と帯津さん。ところが膀胱は泌尿器科の範疇、うちでは扱えないと。同時に、これぐらいのことで心配することはない、その病院のこともよく知っている、そこでいいじゃないかとも。それはそうと、この間ぼくは毎年、帯津三敬病院で検査を受けてきた、それなのに……と文句を垂れる。昨日オーケーでも今日発症することはある――と帯津さん。うーん？

⑦2023・3・15。武蔵野徳洲会病院にて手術。

⑧手術自体はうまくいったよし。驚いたのは、この病院の銭ゲバ的対応。いらざる検査検査の薦め。医師はじめ病院全体が集金マシーンを義務付けられているような雰囲気。ここを脱出しなければ……という気分。今どきの病院というのはみなこんな様子なの

だろうか？

⑨心的状況——孤立感、自分が消えていく、心が空っぽ——これじゃ仕事にならない。

⑩4・6。隣人の薦めで、武蔵野陽和会病院に診察を依頼。以来2カ月に1度検査のため通院。

⑪8・18。ここで2度目の手術（執刀医・長倉和彦医師・院長）。22日退院。回復しているという感じがない。9・13。術後1カ月。抗がん剤の投入。長倉医師に以下を訴える。おちんちんの筒先、尿道、その奥の膀胱が痛む。ツーン、ズンと痛む。患部がとても敏感になっている、すぐ尿が出そう。ときどき、まっ黄色な尿。このままではもうじき血尿が出る？　何かが新たに起きている？　これでいいの？

⑫長倉医師のご返事——（ぼくの訴えを遮るように）まだ術後1カ月、騒ぎ立てても仕方がない。このまま4カ月間様子を見たい。4カ月が適正な期間。早くも遅くもない。がん組織が取り切れていないでいる。もし広がっていたら再手術。その先は、人工膀胱を付けることになるかも。でも、85歳で人工膀胱はちょっとね……打つ手がないかなあ……。

⑬ 結局、抗がん剤の注入。これでいい？？？

⑭ 帯津さんの薦めで、東大薬学部開発の免疫療法のサプリメント「11—1」の服用開始。（ちょっと高価。30包入り約1万円）。

⑮ 2024年3月。順天堂大学練馬病院へ。とりあえずペインクリニックで腰痛の治療。しびれが40％ほど消えた。ありがたい。5月。同病院の泌尿器科で膀胱がんの検査を依頼する。「検査して、がんがあればまた手術します」と担当医。さて、どうする？

がん患者からのお叱り

2024年4月、知り合いのコンサルタントM氏より、

「膀胱がんへの対処として、山平さんのような知見であふれた人がこのような医療を受けてしまうのが現実なのですか。まだそんな治療ですか」とお叱りのメール。

彼は2015年2月、腎臓がんと診断され、全摘をいい渡され、切るか切らないか悩み、最終的に切らないと決めたのです。

その背景に、一冊の本。そしていくつかの経験があったのです。

『人がガンになるたった2つの条件』（安保徹著　講談社＋α文庫）。そこに、「ガンは自然な

生体反応。そのためには、自分の生活習慣を変えること」とあり、一番驚いたのは「ガンの自然退縮は簡単に起こる」という文章でした。藁《わら》にもすがる思いで、挑戦することにしたのです。

（以下、彼の文章です）。

「自然療法は、決して楽な道のりではありませんでした。それには、生活習慣の変革が伴います。食、呼吸、体操、入浴の習慣などをすっかり変えるのです。いろいろ試してみました。自然療法のコンニャク湿布、３日断食、西式健康法（東京都東中野・渡辺医院）、そして関連本の読書など。さらに以前購入した河野十全著『すばらしき人生』（青葉出版）の「人生の四季」を思い出し、２０１５年夏、寝禅《ねぜん》講座に参加。以後、毎朝実践することになりました。

まず呼吸数が変わりました。『あるヨギの自叙伝』（パラマハンサ・ヨガナンダ著　森北出版）から、呼吸数と意識状態との関係を知り、自分の呼吸数を計ってみたのです。吐いて1分、吸って30秒。これは寝禅を2年間続けた成果だと感じました。

どれも命がけです。苦しい道のりでしたが、やればできるものです。家族や友人の支え、そして何より生きる希望を胸に、必死に続けました。数年後、身体からの出血が完全に消えました。奇蹟が起こったのです。精神的にも大きな回復を実感しました。これまで得ることのできなかった強さ、なにより人生に対する深い感謝の気持ちが生まれました。私は命の大切さ、そして人間の持つ驚異的な回復力について深く学ぶことができたのです。

また、最新の医学研究や治療法についても積極的に情報収集し、自分の経験と照らし合わせながら、自分なりの学びを深めてきました。最新の知見に基づいたがん克服へのヒントを得たのです。

得たのは、がんは決して克服できない不治の病ではない——ということです。

適切な治療法と前向きな気持ちがあれば、必ず希望の光は見えてきます。安保さんの本を熟読して受け取ったのは、何より、パラダイムの反転でした。自分の意識を変えたのです。

がんは「悪」ではなく、「善」である。「がんは悪いもので、切り取るか、抗がん剤や放射線でやっつける」という医療が大半を占めていると思われますが、実際は、がんは良いものです。人を生かすために、がんが生まれている。ではなぜ、がんで死んでしまうのか。

がんで死ぬのではなく、3大療法——手術、抗がん剤、放射線治療で死んでいるのです。

いま私はピンピン生きています。お酒がとてもおいしいと感じています」

（7章）ぐるっとひと回り

45・足立幸子さんの『あるがままに生きる』

自分のことを書き遺そうと、あれもこれもと、思い出すままに書きなぐってきました。日記や自分のブログ（「風雲斎のひとり言」）を読み返したり、友人や著者に確認を求めたり、大事な本を読み返し、間違いがないかどうかを確認したり……。そうした作業のなかで、30年ほど前に購入した足立幸子さんの『あるがままに生きる』（七賢出版　1994年）を再読することになりました。

これがすばらしい！

あのころ、右も左もわからぬまま手にした一冊ですが、改めて拝読すると「これがぼくの原点だった」と納得したのです。「1994年第1刷発行」とありますから、ちょうど30年前の本です。こういう視点があった、これこそ今に通じる本だ、大事なことはすべてここにある——と思ったのです。

著者の兄上、足立育朗さんの「あとがき」にも心打たれました。

敬意をこめてその一部を引用いたします。

地球の波動がどんどんあがってきた

――いつもぶっつけ本番ですから何も用意しないで来るのですが、私のお喋りは〔口からデマカセ〕で、出るに任《まか》せて喋るというやり方です。〔デマカセ〕ですが〔デタラメ〕ではなくて、お会いした方々に合わせて、その方々に必要な情報をお伝えしています。ですからその都度違う話になるのですが、次から次に言葉が閃《ひらめ》いてきて、それをただ喋っているだけなのです。

それと、この四年間、私が直観《ちょっかん》だけで生きてきて間違っていなかったという結果が出ていますので、私の体験を交えていつもお話ししています。

ですからその時によって、どこから喋り出すのかわからないのですが、今日は皆様にお渡ししましたシンボル・マークのことから喋らせて頂きます。

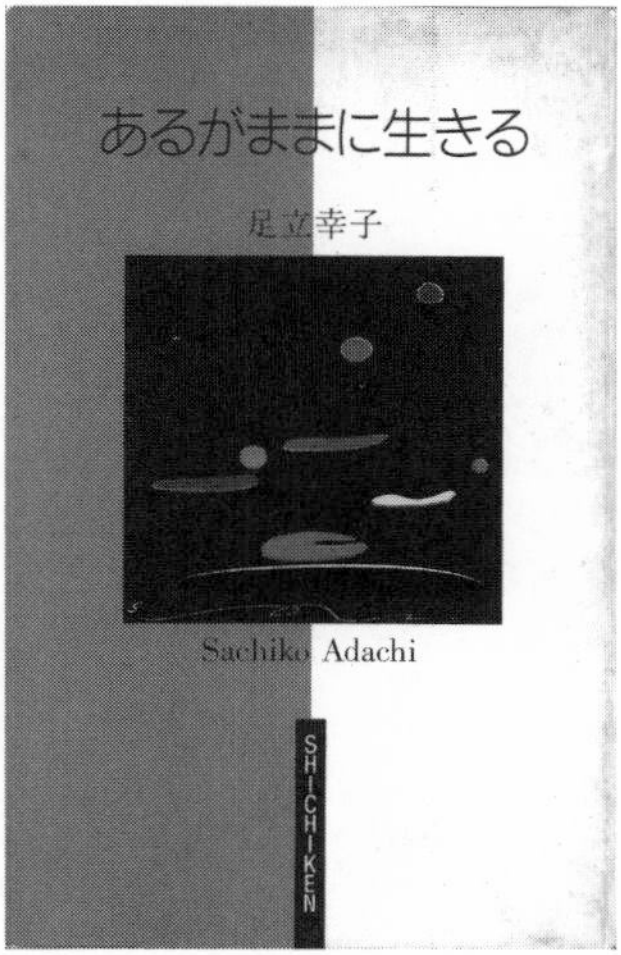

『あるがままに生きる』

これは、数十分前の皆様の瞬間の〔宇宙との調和度〕を描き出したものです。四〜五年前からこういうことが出来るようになりまして、何千人の方をチェックして間違いないことがわかりました。

意味なく出来るようになったのではないはずですから、皆様のお役に立つのであれば使わせて頂こうと思いまして、ご自分がどのくらい宇宙との調和がとれているかを確認して頂く為に始めました。

私のパターンでは第一段階から第十段階までございまして、その先は○《まる》になってきます。そして何重○《なんじゅうまる》というふうに無限に進んでいき、どんどん波動があがっていきます。

今、地球人の平均は第七段階です。

去年（一九九一年）の前半は第三段階が平均で、後半から第四段階になり、今年の一月くらいから第五段階になり、六月以降に第六段階になり、十月以降は第七段階になりました。このようにものすごい勢いで皆様の波動があがっています。

なぜこのようなものすごい勢いで波動があがっているかと言いますと、地球全体の波動があがっているからなのです。一人一人の人間は細胞のようなものですね。ですから地球全体の波動があがりますと、私達の波動も、いやでもあがらされてしまうのです。特に素

図1 宇宙意識

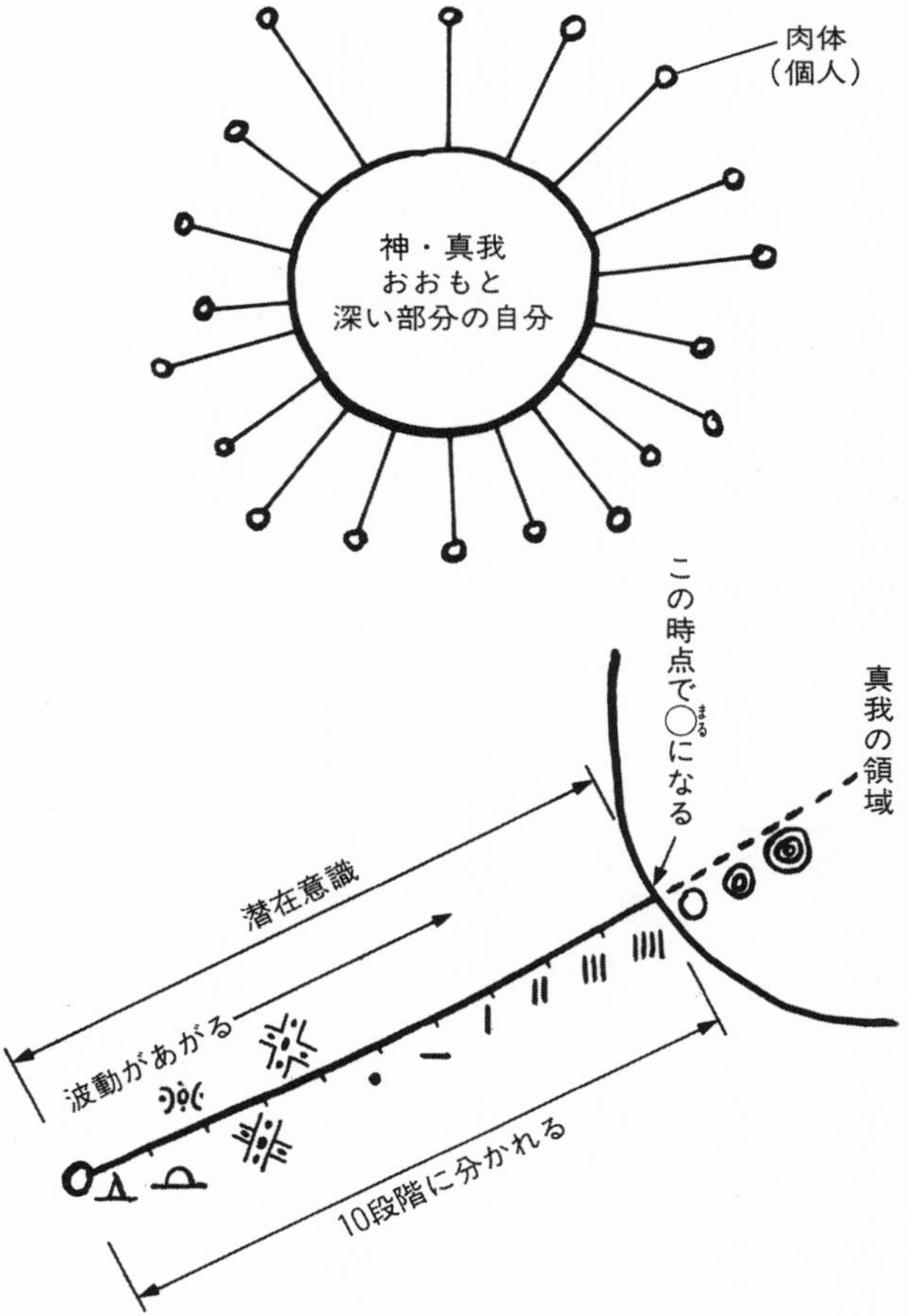
肉体
（個人）
神・真我
おおもと
深い部分の自分
この時点で◯《まる》になる
真我の領域
潜在意識
波動があがる
10段階に分かれる

直な方はどんどんあがっていきますから、素直というのは本当に良いことだと思います。

（中略）

色々な知識のある方が、かえってその知識がこだわりになったり、それが邪魔になって波動があがらないこともよくあります。今の世の中は情報が氾濫していて、それに振り回されて「あれにはこう書いてある、これにはこう書いてある」とどれを信じていいかわからなくなって、なかなか波動があがらない方もおられますね。

個にして全

私のパターンが、どういう考えのもとに出来上がっているかお話しします。

意識では私達全員はつながっていて、《ひとつ》なのです。肉体だけ見ていますと〔個〕で、一人一人ばらばらですが、肉体の外側では全員つながっています。

ですから〔意識の上ではひとつなのだ〕という考えから、〔宇宙意識〕という、ひとつの大きな意識があると思って頂ければいいと思います。実際は丸くなっているわけではないのですが、こう考えた方がわかりやすいので丸にします。

ここから無数に光線が出ていて、その一本一本が私達、動物・植物やいろいろな物質で、それぞれが固有の波動を持っていて、それらはどれひとつとっても、同じ波動のものはありません。例えば今、私が持っている二本のサインマーカーは大量生産されますから、二本を外から見るとまったく同じに見えますが、波動的には違うものです。なぜなら大量生産されても一度に出来るわけではなく、一本一本出来てきますからその間に波動が変わってしまいます。

このように、全てのものは固有の波動を持っているのです。ですから生物でも、鉱物でも、飲み物でも、食べ物でも、どのくらい宇宙との調和がとれているか、私のパターンでわかります。

例えば、食べ物は添加物が多ければ、当然宇宙と不調和になりますね。

図の丸の部分は非常に波動の高い所で、〔静かなる波動の海〕と思えばいいでしょう。ここが今まで、私達が〔神〕と呼んでいた部分だと思います。

ここからどんどん波動を落としていきますと、波動が荒くなって物質化して、図の線の先の小さな円の部分に肉体が出来て、ここに皆様のお名前がついているわけですね。ですから肉体だけ見ていますと〔個〕で、一人一人ばらばらですが、実は《おおもと》では全員つながっていて《ひとつ》なのです。

私のパターンでは図の線の部分が、十段階に分かれています。そして《おおもと》に入ってきますと、○《まる》になるのです。

《おおもと》は奥が深いですから、無限に波動をあげ続けていくことが出来、これが〔神〕に近づくということだと思います。

図の線の部分が〔潜在意識〕で、大きい円の部分が〔超意識〕と言ってもいいでしょう。潜在意識の部分は〔個人〕ですが、〔超意識〕の部分はもう〔個人〕ではありません。これからは、この〔個人〕を越えた、〔全員つながった所の自分〕で生きていく時代なのです。

この《おおもと》に、〔神である我（神我）〕がいると思えばいいでしょう。したがって一人一人、みんな〔神〕なのです。〔神〕という言葉がお嫌いな人は、〔真我（本当の自分）〕と思って頂いても結構です。これからは《おおもと》が、主導権をとって生きていく時代なのです。〔真我〕に従って、〔真我〕にお任《まか》せで生きていく時代ですね。

今までは肉体を持った自分だけが、本当の自分だと思っていたのですが、「奥に本当の自分がいるのではないか」と、この頃なんとなく感じておられる方もおられると思います。

これからは、〔本当の自分〕の情報に従って行動に移していきますと、宇宙と調和のとれた結果が出てきます。なぜなら《おおもと》は、常に調和がとれているからです。

ところが頭はロクなことを考えませんから、こだわって、良い・悪い・好き・嫌いなどと判断して、末端で私達が勝手に不調和を起こしているだけで、《おおもと》の〔自分〕は常に調和がとれているのです。

ですから《おおもと》の情報に従って表現すれば、当然宇宙と調和のとれた結果が出るわけなのですね。

波動をあげる三つの条件……その一、あらゆるこだわりを取り除く

波動をあげるにはどうすればよいかとよく聞かれるのですが、大事なことが三つあります。

ひとつは、《あらゆるこだわりを取り除く》ことですね。

お金に対する執着、物に対する執着など、あらゆる〔こだわり〕をどんどん取り除いていくのです。

欲は、全部捨てる必要はないと思います。

これからの〔悟《さと》り〕は、昔のように欲を全部捨てて仙人のようになるのとは違うと思うのです。なぜかと言いますと、これからは全員が悟る時が来るからです。

ですから欲を全部捨てて、全員で山に籠《こ》もって仙人をやるわけにはいきませんよね。肉体がある以上、現実に生活して生きていかなければいけないのですから、生きていく上の最低の欲はあっていいと思います。

ですから欲は捨てる必要はなくて、コントロール出来るようにすればいいわけです。〔必要なだけあればいい〕という生き方に、全員がなればいいのです。

今までは、人の分まで奪っていたわけですよね。

欲はどんどんエスカレートしますから、もっともっと人の分まで奪っていたので、今までは奪い合いの時代になっていたのです。

これからは、〔分かち合いの時代〕に入っていきます。

「私はこれだけあればいいから、あとはあなたがどうぞ」という時代です。

そうすれば争わなくなりますから、戦争もなくなります。

「必要なだけあればいい」と一人一人がなっていきますと、人の物を奪おうとか、人の足を引っぱろうとか、そういう気持ちが起こらなくなってきますから、それが《神意識》を持つということですよね。

ですからこれからの〔悟り〕は、神になるわけではなく、肉体を持ったまま、《神の意識を持つ》ことだと思います。

特別な人になるのではなく、普通になる感じですよね。

そうすると、地上天国の時が来るだろうと言われています。

キリストの再来とか言って、あちこちにキリストが出てきているように言われる方もおられますが、これは当然なわけですよ。

キリストとか釈迦というのは、《神意識》を持った人のことを総称して言うようですから、これからは全員がキリストや釈迦になってしまうわけです。

たまたまイエス・キリストという《神意識》を持った方が昔おられたのですが、これからはみんなが《神意識》を持つのですから、あちこちにキリストや釈迦の再来が出てくるというのは不思議なことではないのです。

波動がどんどんあがっていくということは、神に近づくと言えなくはないのですが、そういうふうに考える必要もないようですね。

《おおもと》の波動を、肉体の部分で表現するだけなのです。

そういう意味で、特別な人になるわけではないと、私は言っています。

《神》になるわけではなく、《神意識》を持つだけですね。

波動をあげる三つの条件……その二、行動に移す

波動をあげる為に大事なことの二つ目は、《行動に移す》ということです。

ただ頭で考えているだけの方は、これからはダメなのですね。

知識があって頭で考えているだけの方は、これからどんどん時代の流れに置いていかれます。

とにかく「行動したり、表現する」ということが、大変大事になってきます。

形に表わしたり、言葉に出すことも表現しているわけですね。

なぜ表現することが必要なのか、お話しします。

肉体の部分でエネルギーを流しますと、《おおもと》の部分からエネルギーが入ってくるのです。

よく全然行動に移さないで「私にもエネルギーが入ってこないかなあ」と言っている方がおられますが、ただ待っているだけでは入ってきませんよ。

古いエネルギーを肉体の部分に澱《よど》ましておいて「新しいエネルギーが入ってこい」と言っても無理ですから、どんどん行動に移して表現していって、常にカラッポにしておけば、《おおもと》からどんどんエネルギーが入ってくるのです。

《おおもと》には無限のエネルギーがあるのですから、流せば流すほどいくらでも入ってきます。

普通は「表現すれば疲れる」と思われるかもしれませんが、《おおもと》からエネルギーが入るようになれば全然疲れないですよね。

例えば、サイキック・パワーというのは自分の力をかなり使っているようですから限界があるみたいで、使えば疲れます。

でも《おおもと》からのエネルギーは無限に入ってきますから、使えば使うほど、表現すればするほど、元気になってしまいます。

私は《おおもと》から入ってくるエネルギーは〔パワー〕ではなく、〔フォース（ＦＯＲＣＥ）〕という言葉で表現した方がピッタリだと思います。

〔フォース〕というのは、〔力・破壊〕という意味があります。

《おおもと》から入ってくるエネルギーはものすごく強いですから、破壊するくらいの力があるという感じです。（中略）

ですから〔フォース〕が使いこなせるようになればしめたもので、無限にいくらでも入ってきます。

こうやって喋っていても、ものすごく元気になります。

皆様がよく私に「三時間も喋って疲れませんか」と言われますが、喋っているとどんどん閃いて、熱くなってきて、三時間くらいあっという間に経《た》ってしまいます。

ですからぜひ皆様も《おおもと》からの〔フォース〕を使いこなされて、使えば使うほど元気になって頂きたいと思います。

このように、これからはとにかく〔行動に移して、表現する〕ということが大事ですね。

波動をあげる三つの条件

……その三、深い部分の自分（神我・真我・本当の自分）が望んでいることをやる

波動をあげる為に大事なことの三つめは、《深い部分の自分（神我・真我・本当の自分）が望んでいることをやる》ことです。

本当にやりたいことをしている人は、生き生きして輝いていますね。

《深い部分の自分》が本当に望んでいることを見つけると、波動はどんどんあがってしまいます。

先程の〔行動に移す〕というのは、〔閃いたら即行動に移す〕ということで、これが大

変大事なのですね。

閃きがない方はおられないので、今までもいっぱい閃いていたのです。

ところが《おおもと》からの情報は未知のことが無限にあるわけです。ですから今まで閃きで入った情報は、誰もまだやっていなくて、自分の頭では考えられないような情報が多くて「こんなことやったらみんなに笑われる。こんなこと出来るわけない」というふうに、皆様は頭で打ち消しておられたと思います。

これからはそれをやめて頂いて、閃いたら即行動してください。

出来ないことは、閃くわけがないのですね。出来ないことの情報は、入るわけがありません。

なぜなら自分から出ている波動と合ったものを引き寄せるのですから、各々の器《うつわ》に相応《ふさわ》しい情報しか入ってくるわけがないのです。

出来るから閃くのですから、とにかく即行動に移すことです。

実現までに少し時間がかかるかもしれませんが、閃いたことは必ず出来るのですから、即行動に移す作業をこれからはして下さい。

閃いて即行動に移すのは、勇気が要りますね。

ですからこれからは勇気を出して、とにかく〔行動に移す、表現する〕ことが大事な時代です。

「何だかわからない」というのも閃きです。

「何だかわからないけど、あの人に電話した方がいいみたい」とか、「何だかわからないけど、あそこに行った方がいいみたい」というのがいっぱいあると思います。

これを行動に移すには、勇気が要りますよね。

「何だかわからないけど」というのは、頭で理由がわからないわけですから、これを行動に移すのは本当に、勇気しかありません。

私はもともと大胆であまり頭で考えないタイプなので「考えてもしょうがない」と即行動に移すというパターンでしたから、早くこれからのエネルギーになれたのだと思います。とにかく頭でいちいちゴチャゴチャ考えないで、即行動に移すことが大変な時代になりました。

私はこの四年間「ダメでもともと、死ぬわけじゃなし」という感じで、閃きを即行動に移してやってきました。「死ぬわけじゃなし」と言いましたが、別に死んでもいいのです。死ぬ時は、地球上での私の役割が終わった時でしょうからね。「精一杯やったんだから、もういいよ」という感じです。

ですから〔死ぬ〕という言葉は適切ではなく、単に地球上から肉体が消えるだけで、死というのは本来ないと思います。ですから私は、死も全然恐くありません。

このことがわかった時から本当に楽になって、閃きを即行動に移して生きてきて、やはり間違っていなかったという結果が出ましたので、皆様にも自信を持ってお話し出来るのです。自分に出来ないことは閃くわけがないですから、とにかく勇気を出して行動に移して頂ければと思います。

46・足立育朗さんの「あとがき」

この本は生前、妹幸子がすばらしい方々とお会いし、多数《おおぜい》の人々から多大な御支援をいただいていた中のお一人でありました、(株)中村菌化学研究所専務の中村弘和さん・裕佳子さん御夫妻及中村ハジメ事務所の中村肇さんの全面的な御好意により実現したものでございます。

およそ今から十年程前に妹と私はほぼ同時期に宇宙の全ての現象が波動の組み合わせで成立していることを直観し、彼女はその波動をキャッチしてアートで表現することを、そして私はそれを科学的(デジタル及アナログ的)に情報を得て伝えることを互いに決心してスタートしました。

生来、末《すえ》っ子の妹は行動的で、我がままに生き、いつの間にかそれを超越して、在るがままに行き着き、更に《究極の宇宙意識とは？》をテーマにアートで画《えが》ききって、早々とボディを置いて帰星してしまいました。

常日頃、彼女は、今回は地球人として、肉体を持ってのスタディを終え、役割を終わらせたら、自分の星（プレアデス星団のタイゲタ星）へ戻って、より大きな役割をしたいと申しておりましたが、正にそれを実行してしまった様です。

私としましては、兄妹とか人間とかいう意識を越えて、本質の魂の同志として、敬愛していた彼女のメイン活動のひとつであった講演をこんなに忠実にしかも、生々《いきいき》と素敵な本に仕上げて下さった事に心より感謝申し上げます。

そしてこの本の振動波を一人でも多くの方々に、一時《いっとき》も早くお伝えすることが急務であると痛感しております。

本当にありがとうございました。

一九九四年三月二十一日

形態波動エネルギー研究所　足立育朗

（おわりに）
2036年ごろ……

さてどう締めようかと迷っていると、岡田多母さんの言葉がすっと浮かびました。以下の文章です。

――私たち一人ひとりが自らの細やかさを開き、愛や喜びの種を、大切に丁寧に、喜びをもって育て広めながら、明るい光の方向に向かいます。2023年あたりからその傾向が現われはじめ、内面に明るさを感じ、全体が上向きになっていくでしょう。

世の中を創造する人間の意識が変化するため、物理的にも、美しく穏やかな様相になっていきます。無機質な高層ビル、グレイ一色の街並みも変わっていきます。人類の感性が従来の景観に耐えられなくなるからです。AI、通信文明の進化は緩やかに減速し、インターネット情報やゲームに依存する割合も減ってきます。人々は自然を求め、穏やかさと調和のなかに生きたいと、はっきり求めるようになるでしょう。

順調に進めば2036年ごろに次のステージへのステップアップが完了する予定です。浄化や変容の時期を超えて、新しいステージにポンと移ります。どんな世界でしょうか。日本の言葉でいえば高天原《たかまがはら》。通常ここは「神々が住まうところ」をいいますが、本来、これが人の生きる世界なのです。

かつて私が日本心霊科学協会の「祖霊祭」で見たのは、この光景です。神と神の子が共にそこで生きることが惟神《かんながら》。惟神とは「神の御心のまま」と辞書にありますが、御心のままというよりは、人々が神さながらの生き方をすることで、この世界を楽しむことだと思います。一人ひとりが内に神をもっているのですから、御心、つまり内なる神の意図のままに生きること。それが人の生きる世界です。（『天人に還る』より）――

「2036年ごろに次のステージへのステップアップが完了する予定です。新しいステージにポンと移ります」――

ぼくが頷いたのはここです。

岡田さんはこうもおっしゃっています。

私たち一人ひとりが光です。光の賜物です。

自分は大した人間ではない、人に親切にできない、世の中の役に立っていない――そうやって自分を責めるのはおやめください。時代はそれを望んでいません。自分を責めるのをやめて、光として生きてください。

私がお伝えすることは、合理理的な理論や論証ということでは難しいかもしれません。なぜならお預かりしている言葉だからです。私が予測を立てているわけではありません。お預かりしているだけ。それを「存在」といったり「神」といったり、いろいろな呼び方があるでしょう。この方ですとお見せすることはできませんが、「いらっしゃる」と、私には思えるのです。それに添って歩き、それに添って生き、そうして皆様とやりとりさせていただいています。この事実をもって、私はこうお伝えします。

２０３６年は、みなさま一人ひとりのすばらしいステージです。一人ひとりがそれぞれのスイッチを入れることになります。ぜひ生きていて下さいね。

２０３６年といえば、12年後。

ぼくにその光景を目にするチャンスがあるかどうか、指折り数えるしかありませんが、でも遠くのほうに灯りが見えるのは、嬉しいことです。希望です。いい世の中になると信じて楽しみにします。

2024年5月下旬。やっと終わったと安堵し、まだ書けるなとちょっぴり元気を得ながら……ありがとうございます。

著者

山平松生（やまだいら・まつお）
1939年3月5日朝鮮半島・江界（現、北朝鮮）にて生まれる。1941年引き揚げ。高校卒業まで岩手県一関市に在住。昭和33年早大第二政経学部入学。六〇年安保闘争に入れ込む。高校教師の後、早大大学院（政治思想）へ（修士中退）。出版社勤務の後、㈱風雲舎を設立。以来30年、好きな本づくり。84歳を前に膀胱がんと告げられ、持ち時間がないとして本書を書くに至る。
E-mail　mail@fuun-sha.co.jp

ああ、楽しかった精神世界《スピリチュアル》
初刷　2024年6月20日
著者　山《やま》平《だいら》松《まつ》生《お》
発行人　山平松生
発行所　株式会社　風雲舎
〒202-0022 東京都西東京市柳沢3-4-5-501
電話 〇四二-四五二-三八二七
FAX 〇四二-四五二-六四二四
振替 〇〇一六〇-一-七二七七七六
"URL https://www.fuun-sha.co.jp/"
E-mail mail@fuun-sha.co.jp
DTP 中井正裕
印刷 真生印刷株式会社
製本 株式会社 難波製本
落丁・乱丁本はお取り替えいたします。（検印廃止）

ISBN978-4-910545-06-6